RECOMENDACIONES

Como terapista en salud de la conducta, invierto muchos días en tratar de alejar a la gente del patrón de pensamiento obsesivo-compulsivo que la está destruyendo, mental, física, y espiritualmente. Depresión, ansiedad, adicción, ira, temor, todas estas emociones negativas son a menudo el resultado de los oscuros pensamientos abrigados por las personas. En repetidas ocasiones, tal vez la mayoría, me descubro a mí mismo recitándoles lo mismo que he aprendido de mi amigo, Eddie Turner. Él es un absoluto maestro articulando tanto las dificultades como la forma de liberarse de los "pensamientos basura" a los que mucha gente se ha rendido. Nunca me sentí tan entusiasmado de ver una estructura de conocimientos semejante a punto de imprimirse. Es muy posible que este libro me lleve a la quiebra. Espero que así sea.

DR. MIKE COURTNEY, PH.D.
Fundador y Director,
Branches Counseling Centers
Murfreesboro, Tennessee

Desde el momento en que me contaron acerca de este libro, supe que Eddie Turner y yo habíamos transitado un camino diferente, pero similar. Tres meses después de mi liberación sobrenatural de la depresión y el suicidio ocurrida muchos años atrás, inicié el proceso de tomar el control de mis pensamientos. Incluso sin haber escuchado enseñanza alguna sobre renovar la mente o derribar fortalezas, el Espíritu Santo abrió los ojos de mi entendimiento. Empecé a vivir en las páginas de la Biblia. Tres pasajes de la Escritura que me mantuvieron despierto por muchas noches fueron 1 de Juan 4:4, Gálatas 2:20, y 2 de Corintios 5:21. Los días tormentosos en que creía estar volviéndome loco se transformaron en tiempo de gozo y paz indescriptible. Hablo de "esforzarte para poder descansar". Eso hice, día y noche, día tras día. ¡Hoy, les digo que fue por la gracia de Dios que logré persuadir a mi mente de que lo que el Señor dijo sobre mí era verdad! ¡Eres la justicia de Dios en Cristo Jesús! ¡Sí… tú! Eres el único que puede optar por creer o rechazar los pensamientos que bombardean tu mente. Aplica las enseñanzas de este libro a medida que Eddie comparte su testimonio, las escrituras, y las llaves de acceso para hacerte cargo de tus pensamientos. Tienes el poder de escoger entre una mentalidad de víctima y la de un vencedor. Tú eliges por ti mismo la vida o la muerte, y es una decisión personal. El testimonio de Eddie, las escrituras que comparte y sus instrucciones son herramientas que cambiarán tu vida, ¡si las aplicas!

GERMAINE COPELAND
Autor de la serie de best sellers
Prayers That Avail Much

Hace años, conocí a un pastor que demostraría ser una conexión divina, un amigo para toda la vida, y una voz recurrente en mi camino. El pastor Eddie Turner es uno de los ministros más fieles y talentosos que he conocido.

La historia de la liberación del tormento que sufría en su mente es un mensaje tremendamente necesario para el cuerpo de Cristo en estos tiempos. Hemos ministrado al espíritu y al cuerpo, pero todavía muchos están cautivos en sus mentes. El pastor Eddie tiene un don del cielo para ministrar a personas en esta condición. Creo que lo que ha aprendido de la palabra de Dios, experimentado en su vida, y ahora plasma en las páginas de este libro, ayudará a cambiar las vidas de multitudes que habían permanecido encerradas en la oscuridad. ¡Gracias, pastor Eddie! Eres uno de mis amigos más cercanos y mi héroe.

MARK BRAZEE
Pastor principal
World Outreach Church of Tulsa
Tulsa, Oklahoma

Eddie Turner ha tomado las experiencias de su vida y conocimiento de las Escrituras para ayudar a los lectores a encontrar la verdadera libertad "sin condenación" que, según el apóstol Pablo, se ha prometido a aquellos que están en Cristo. Este libro puede ser tu arsenal para ganar la batalla por tu mente.

DOUG CLAY
Superintendente General de las Asambleas de Dios
Springfield, Missouri

Pocos libros captan y mantienen su atención como Conquista el caos en tu mente de Eddie Turner. Lo que hace a esta obra tan poderosa es la absoluta honestidad y el sello personal de la lucha, el viaje y la victoria de Eddie, así como la aplicación potente de la palabra de Dios y la poderosa obra del Espíritu Santo en su vida.

Aunque es posible que algunos no hayan experimentado la profundidad de la batalla de Eddie, el número de personas que se identificará con ella podría superar cualquier estimativo. Aquellos que han conocido el miedo atormentador y la ansiedad paralizante se beneficiarán enormemente del poderoso testimonio de Eddie, y los principios que comparte ayudarán a todo creyente que necesite saber cómo superar los ataques de las tinieblas, incluso si son "las pequeñas zorras que echan a perder las vides." Valoro sobremanera que Eddie comparta, tanto su corazón, como estas herramientas dinámicas que traen libertad a los cautivos.

TONY COOKE
Maestro de Biblia y Autor
Tulsa, Oklahoma

Las verdades que liberaron al pastor Eddie del tormento mental son poderosamente comunicadas en este fantástico libro a través de su testimonio personal. A medida que lo lee, será como si viviera esta experiencia con él, aprendiendo lo que él aprendió. Su enseñanza sobre este tema es una de las mejores que he encontrado y ha traído libertad y salvación a varias personas. Sé que este libro hará lo mismo en la vida de muchos más.

GREG FRITZ
Greg Fritz Ministries
Tulsa, Oklahoma

CONQUISTA EL **CAOS** DE TU MENTE

CONQUISTA EL **CAOS** DE TU MENTE

Libre de los pensamientos de angustia y tormento

EDDIE TURNER

DEDICATORIA

Dedico este libro con mucho cariño a mi amor de la secundaria, mi novia y mejor amiga, Amanda. Aunque escribo sobre mis experiencias, ella me acompañó pacientemente a través de cada una. Su constante apoyo y fe inquebrantable han sido mi modelo e inspiración por más de cuarenta años.

También me gustaría agradecer a mi amiga y escritora Kaye Mountz. Ella escuchó mi historia y me instó reiteradamente a publicarla. Su sabia guía y mirada profesional han sido invaluables para mí en este proyecto

Por último, dedico este libro a todos los que sufren en silencio de angustia y ansiedad, quienes luchan mental y emocionalmente contra la abrumadora oscuridad que parece no desaparecer en forma definitiva. Mi oración es que a medida que leas mi historia, crezca tu esperanza y perspectiva, para empezar a creer de verdad que es posible disfrutar de paz a diario.

CONTENIDO

PREFACIO

Lo hago "divertido" para ganarme la vida. No siempre resulta fácil. Pero he sido comediante por más de 25 años y, bueno, algunos dirían que con bastante éxito. Uno de los mayores desafíos para cualquier comediante es lograr que la audiencia se ría, incluso cuando no se está sintiendo muy divertido. Para ser honesto, también he sido buena en eso. Y como muchos comediantes, usé mis chistes para disfrazar el dolor que en realidad sentía en mi interior—los sonidos que se reproducían dentro de mi cabeza. *"No eres lo suficientemente buena"*. *"Nunca lograrás nada"*. *"Si realmente te conocieran nunca te amarían"*.

Comediante o no, la mayoría de nosotros hemos peleado, en un momento dado, la batalla por nuestra mente. Nuestra historia familiar, las deficientes decisiones que tomamos, la presión del mundo que nos rodea, incluso las lecciones que aprendimos en la escuela dominical, todo avanza al tiempo conformando esta "demoníaca'" lista de reproducción que pretende dominar y gobernar nuestros pensamientos. Muchos intentamos superarlo. Creemos que si podemos estar lo bastante ocupados, divertirnos, beber, o ganar lo suficiente, nos adelantaremos a la banda sonora y, al menos, ignoraremos las voces la mayor parte del tiempo. El problema es que, cuánto más rápido vamos, más rápido se reproduce la lista.

Otros se las arreglan para dar una buena batalla con las precarias armas que conocen. Consiguen un diagnóstico. Se matriculan en una consejería de por vida. Y se cargan con una tonelada de recetas. Ahora bien, no estoy en contra de esto. De hecho mi hermano y yo iniciamos un centro de consejería que atiende a casi dos mil personas cada mes. Allí tengo a mi psiquiatra a un "clic" en el menú de llamadas urgentes. Y mi proveedor de medicamentos me llama por mi nombre. Dios ha dispuesto maravillosos profesionales de la salud mental para que nos encontremos en estos tiempos sombríos, nos convenzan de alejarnos de la cornisa y ayuden a volver al escenario. Con toda franqueza, la asesoría y 75 miligramos de Effexor (un antidepresivo) han contribuido a que sea la mujer que soy en la actualidad. Lo que tenga que hacer para luchar contra los ruidos de esa "lista de reproducción", hágalo.

Pero, ¿y si hubiera otra forma? Una adición divina que reduce la dosis, permite que el asesoramiento sea más efectivo. Arranca de raíz las malezas de su mente, que fueron regadas por esas voces molestas. ¿Y si Dios en Su infinita sabiduría depositó en Su Palabra nuestra salvación y la solución para esta batalla que libramos? ¿Y si realmente fuera cierto que "nuestra lucha no es contra sangre y carne, sino contra los gobernantes, contra las autoridades, contra los poderes de este mundo en tinieblas y contra las huestes espirituales de maldad en los ámbitos celestes?". ¿Y si Dios quiere equiparnos con todo lo que necesitamos, no solo para sobrevivir a esta lucha en nuestra cabeza sino para "conquistar el caos" y vivir la vida abundante y llena de gozo que Él nos promete?

Atención, pues eso es exactamente lo que Dios quiere hacer y, en efecto, lo ha hecho. El pastor Eddie Turner es un auténtico maestro en este asunto. Sus mensajes han ayudado a miles de personas (incluyéndome) a imponernos sobre las voces en nuestra cabeza, a apagar la "banda sonora" de Satanás, y encontrar, de una vez por todas, "la paz que sobrepasa todo entendimiento". Su enseñanza es práctica, personal y poderosa. Él le dice lo que está sucediendo, lo que debe hacerse y con quién puede contar. ¡Estoy tan emocionada con este libro! He visto la destrucción que viene de perder esta batalla y he vivido con las consecuencias en mi propia vida. No más. Este mensaje, este libro, nos ayudará a muchos a pelear "la buena batalla", a vivir en bendición, y a ganar la guerra en el nombre de Jesús, y esto no es broma.

CHONDA PIERCE
Comediante cristiana, ganadora del Premio Dove
Consejo Directivo Branches Counseling Center

INTRODUCCIÓN

Tomándose la cabeza con sus pequeñas manos, el niño de once años me miró con desesperación y dijo: "No puedo sacarme estos pensamientos." Se me rompió el corazón al ver a sus padres acurrucados en sus sillas, deshechos en llanto por su inocente y querido hijo.

"Señor, he conducido más de cuatrocientas millas para verlo. Me enteré de lo que ha pasado, escuché que ahora es libre. ¿Puede ayudarme? Perdí a mi esposa y mi carrera porque no puedo apagar mi mente", fueron las palabras del hombre de negocios de cuarenta y cinco años sentado en mi despacho.

Historia tras otra, se revelan muchas escenas similares y conectadas por el mismo dolor: pensamientos vertiginosos, ansiedad abrumadora, miedo paralizante, y una mente que simplemente no se apaga. Cada historia que escuchaba me remitía al día en que me derrumbé en el piso de mi estudio emocionalmente destruido. Estaba convencido de que mi vida había terminado. El miedo y la paranoia me tomaron prisionero, y una angustia desesperante me envolvió como ola que revienta contra las rocas. Sentía que mi cabeza estaba a punto de estallar.

Mientras yacía ahí, llorando, con la cara contra la alfombra, aquellos pensamientos bombardeaban sin tregua mi mente: "¡Estás perdiendo la cabeza! Van a venir para internarte en un hospital psiquiátrico. Te encerrarán. Los miembros de tu familia terminaron en manicomios. Tú eres el próximo".

En la total desesperación, grité, "Oh, Señor Jesús, tienes que venir a ayudarme!"

De repente, sentí que había alguien en la habitación. Me levanté rápidamente esperando ver a mi vecino, pero en su lugar, estaba mirando el rostro de Jesús.

"Eddie, ¿qué quieres que haga por ti?", fueron sus primeras palabras".

Durante los minutos siguientes, Jesús me habló sobre la vida de los pensamientos y me enseñó a tomar el control de mi mente. ¡Él cambió mi vida!

Compartiré más de lo que me dijo en los siguientes capítulos; pero antes debo decir que estoy eternamente agradecido de que ese día Jesús me encaminara en la libertad de la depresión, de la ansiedad y de una mente paralizada por la paranoia.

Aunque esa visitación de Jesús inició mi camino hacia la libertad mental, durante los meses siguientes, continué teniendo días buenos y malos. Algunos podían llevar mi mente a un lugar de paz, pero otros días era difícil concentrarse y mantenerse enfocado. Seguía luchando contra los pensamientos opresivos y atormentadores.

Cierto miércoles fue uno de esos días. Mi mente estaba cansada y me sentía exhausto emocionalmente. Intentaba preparar un estudio bíblico para esa noche pero era difícil concentrarme. Agotado, me aparté finalmente del escritorio y me senté en el suelo. En voz baja, comencé a repetir el nombre de Jesús. Tan pronto lo hice, sentí que me elevaba. Al principio casi me mareo.

Entonces, de repente, noté que estaba subiendo, y lo siguiente que supe fue que Jesús se encontraba de pie, frente a mí. Las cosas que me dijo y las que vi se convirtieron en inspiración y motivación de este libro.

Desde ese día he estado en una búsqueda con el fin de ayudar a otros a liberarse mental y emocionalmente. ¡Quiero compartir cómo puedes conquistar el caos y vivir en paz! *Tú puedes* ganar la batalla por tu mente y no permitir nunca más que las fortalezas del miedo, la falta de perdón, la lujuria o la ansiedad vuelvan a controlar tu vida.

En los siguientes capítulos, te enseñaré lo poderoso que puede ser un solo pensamiento y cómo puedes controlar tu manera de pensar y vivir. Mediante la aplicación de docenas de versículos bíblicos y el relato de numerosas historias personales, aprenderás a recuperar tu más preciada posesión: *tu mente.*

EDDIE TURNER

DEBES TENER
UN DEMONIO

A principios de noviembre de 1986, conducía por la ciudad en la que había sido pastor por tres años. Más de treinta años después, no recuerdo a dónde iba, pero tengo presente el momento de ese viaje que envió mi vida en un espiral descendente durante los siguientes dos años.

No había nada en particular que me preocupara o inquietara. De hecho, unos meses antes, nuestra pequeña iglesia había experimentado un crecimiento de unas treinta personas, y nos estábamos acercando a la marca de cien en asistencia. Para un pastor de veintiocho años que se había criado en una pequeña iglesia familiar de cuarenta o cincuenta miembros, la idea de dirigir una iglesia con cien asistentes los domingos era un sueño hecho realidad.

Nuestro pequeño pueblo de Algood, Tennessee, solo tenía dos mil habitantes. El superintendente de distrito de nuestra organización eclesiástica nos animó a mi esposa Amanda, y a mí a probar en esta pequeña iglesia. En un buen domingo de 1983, la congregación tenía cuarenta asistentes, incluyendo adultos y niños. Nos dijo que sería un buen primer pastorado, y que no nos preocupáramos si no funcionaba, porque estaban pensando en cerrar la pequeña iglesia debido a sus abrumadoras dificultades financieras.

La iglesia se encontraba en una posición difícil. Se habían lanzado a construir un santuario con capacidad para doscientas personas, con instalaciones conexas: baños y algunas aulas pequeñas. La hipoteca mensual era de 1.347 dólares, que incluía una tasa de interés del 11,75%. Así las cosas, con unos ingresos totales inferiores a los 28.000 dólares al año, cada céntimo se estiraba al máximo. Entre el pago de la hipoteca, el seguro del edificio, las facturas de los servicios públicos, los artículos de limpieza, y el material de la escuela dominical para las clases de nuestros dos pequeños, no quedaba ya dinero al final del mes. La familia de la iglesia hacía todo lo que podía, pero la congregación estaba compuesta por unas pocas parejas jóvenes y de jubilados. De este modo, los recursos financieros eran escasos.

A Amanda le gusta contarle a la gente que el día en que pudo añadir carne para hamburguesa a nuestros "suplementos de caja" fue el momento en que se produjo un gran avance para nosotros. Aquellos años tempranos forjaron un camino de fe. Al crecer en una pequeña iglesia pentecostal con recursos limitados, nunca se me ocurrió que esto fuera un sacrificio. Asumí que era el precio normal del ministerio.

Pero ese día de noviembre, las cosas realmente estaban mejorando. Amanda había conseguido un buen trabajo en el departamento de contabilidad de una empresa local que nos proporcionaba un seguro médico para nuestra familia. Y lo mejor era que nuestro primogénito de diez meses se había graduado pasando de gatear a desplazarse sobre sus pies. ¡Una gran temporada en nuestras vidas!

Sin embargo, mientras conducía por la carretera aquella tarde, un pensamiento extraño y perturbador se clavó en mi mente. Parecía haber surgido de la nada. A lo largo de los años, durante mi juventud, a menudo me encontraba permitiendo que mi mente divagara. Soñaba despierto con ser un héroe deportivo, con chicas, con momentos divertidos para el siguiente fin de semana, *con chicas*, con batear un "imparable" en la parte baja de la novena entrada para ganar el partido clave del equipo de béisbol de la secundaria, con más chicas, o con anotar el "touchdown" definitivo. Incluso de adulto soñaba despierto con las vacaciones, con mi futuro, con la posibilidad de ser, quizás algún día, el pastor de una gran iglesia, y con toda clase de ilusiones y aspiraciones para mi familia.

También luché con pensamientos lujuriosos y con el deseo de ver pornografía durante mi adolescencia y primeros años de adulto. Nunca hablaba de ello por pena y vergüenza, así que me arrepentía de manera continua y oraba con sinceridad cada día para que Dios me librara sobrenaturalmente de esta prisión secreta. Ser pastor y luchar con pensamientos lujuriosos era un tremendo tabú. Desgraciadamente, como muchos otros ministros, vivía solo mi infierno privado de condenación y tormento mental.

Pero ese día específico, mientras conducía por la carretera, mi mente no estaba divagando. No estaba soñando despierto. Aun así, de repente, y sin previo aviso, un pensamiento atroz y horrendo atravesó mi

> De repente, y sin previo aviso, un pensamiento atroz y horrendo atravesó mi mente como una daga afilada: ¡Debes estar poseído por el demonio!

mente como una daga afilada: *¡Debes estar poseído por el demonio!*

¿De dónde vino eso? me pregunté. Todavía recuerdo el escozor de la acusación que siguió al pensamiento. Mi primera reacción fue: *Es lo más loco que he escuchado en mi vida*, me reí, y seguí conduciendo.

Un par de días más tarde leí en el periódico local que una iglesia vecina iba a celebrar un gran evento de divulgación. De hecho, era la iglesia más grande de nuestra zona, y toda la gente importante de la ciudad asistía allí. Sentí una punzada de celos al leer el artículo, descubriendo que esta iglesia tenía la gente y los recursos para producir un impacto en la comunidad, mientras que la nuestra no. Sabía que no debía tener esos sentimientos y de inmediato le pedí al Señor que bendijera sus esfuerzos y me perdonara por pensar así.

Justo después de esa pequeña y sencilla oración, el mismo pensamiento me invadió de nuevo: *Debes estar poseído por el demonio.* Una vez más, la insolente y horrible idea me picó como una avispa o una araña. Esta vez, permaneció en mi mente un poco más. De hecho, me encontré respondiendo a la acusación: "¡No estoy poseído por el demonio! ¡Los cristianos no están poseídos por el demonio! ¡Soy un pastor! ¡Esto es una locura!". Al cabo de unos instantes, volví a distraerme, y mis pensamientos se desviaron hacia otro tema.

Durante las siguientes semanas, una y otra vez, tuve encuentros con pastores y miembros de otras iglesias que me comunicaron reportes maravillosos y todas las grandes cosas que estaban sucediendo en sus iglesias. Mientras ellos hablaban, yo trataba de compartir su entusiasmo, pero una vez les daba la espalda, pensamientos de rechazo y fastidio se apoderaban de mi mente. Incluso tenía sentimientos de ira hacia esas personas por "restregarme" lo que solo yo sabía, que nuestra pequeña iglesia no estaba haciendo esas cosas.

En los días siguientes, cada vez que empezaba a orar los pensamientos angustiosos y atormentadores ganaron más terreno: *No hay necesidad de orar. Estás poseído por el demonio. Sabes que lo estás. La gente poseída por el demonio piensa cosas malas sobre los pastores y las iglesias. Dios no te ama, o tu iglesia estaría mejor. Dios no puede bendecir una iglesia cuyo pastor está poseído por el demonio. Esa es la razón por la que tu iglesia no está creciendo. ¿Cómo puedes pensar cosas tan horribles?*

Los pensamientos lujuriosos también invadieron mi mente y fueron seguidos por un delirio de persecución y condenación: *Ubícate, estás poseído por un demonio o no pensarías cosas tan feas. Los cristianos no piensan cosas como esas. Los pastores, en especial, no piensan cosas así. No eres bueno. No hay posibilidad de que Dios te ame.*

Poco a poco los pensamientos tormentosos se tornaron abrumadores. En lugar de un pensamiento punzante ocasional salido de la nada, una lluvia de dardos acosadores comenzaron a llenar mi mente a cualquier hora del día, y con intensidad creciente.

Al principio me reía de los pensamientos, los repelía, o intentaba enfocarme en otra cosa. Pero con el tiempo, a medida que los pensamientos atormentadores continuaban, me encontré más y más convencido de que esas aseveraciones debían ser ciertas, o no las estuviera concluyendo. A medida que pasaban los días, los pensamientos se volvieron más difíciles de borrar y erradicar de mi mente. Se instalaban a placer, y mis excusas para abrigarlos empezaban a desvanecerse.

A lo largo de los años me han preguntado docenas de veces: "¿Por qué pensar algo tan ridículo? ¿No lo sabías?".

Permíteme responder a eso con otra pregunta: ¿Por qué piensas algunas de las cosas ridículas que piensas? ¿Por qué tenemos pensamientos que obviamente no son ciertos? Por desgracia, la verdad es que, somos bastantes los que creemos mentiras sobre nosotros mismos.

El joven inteligente, vive temeroso de no tener nunca éxito en clase, y sin embargo, sus calificaciones demuestran lo contrario. ¿Dónde se originan sus temores? En la bella joven que piensa que nadie la desea porque se considera poco atractiva. ¿De dónde sacó esos pensamientos? De la persona que vive en una prisión de inseguridad, cautiva por pensamientos de inferioridad, aunque todas las personas que se relacionan con él (o ella) ven talentos y habilidades maravillosos. ¿Cómo esa persona se formó una opinión tan negativa? ¿O acaso has visto a alguien que ni siquiera conoces y de quien nunca supiste nada pero pensamientos de acusación hacia él (o ella) inundan tu mente?

¿Por qué pensamos las cosas ridículas que pensamos? ¿Que si "no lo sabía"? La respuesta es sí y no. Sí, sabía en el fondo de mi corazón que no estaba poseído por el demonio, pero los continuos pensamientos hostigadores minaban mi confianza. Y no, había cosas que no sabía sobre cómo tomar el control de mis pensamientos y prohibir que los dardos acusadores de Satanás invadieran mi mente. Pronto descubrí la veracidad de Oseas 4:6, que dice: "Mi pueblo fue destruido porque le faltó conocimiento".

Pronto le confié también a mi mujer lo que ocurría. Al comienzo se rio y dijo: "Eddie, eso es una tontería! No pienses de esa forma!". Pero no tardó en darse cuenta de que esos pensamientos tortuosos y persistentes empezaban a afectarme seriamente. Notó como me sentaba con la mirada fija, como en trance, sin responder a sus preguntas, porque esos pensamientos me habían paralizado.

Amanda me aseguró que ninguna de esas cuestiones acusadoras en las que pensaba eran ciertas. Me recordaba constantemente que yo era un hombre piadoso y sincero, nuestra iglesia estaba creciendo, las vidas de las personas estaban cambiando, nuevas familias venían, y muchas oraciones habían sido contestadas. Me tomaba de las manos y oraba conmigo, y yo sentía un alivio temporal. Pero con el tiempo, incluso sus palabras de afirmación fueron ahogadas por el continuo embate de los pensamientos hostigadores y tormentosos: *Estás poseído por el demonio. Nunca has sido salvo. Eres un farsante. Los cristianos no tienen los mismos pensamientos que tú.*

Después de algunos meses de la continua embestida de estas acusaciones, finalmente llegué al punto de no poder dormir. Amanda me animó a pedir una cita para ver a mis supervisores espirituales. Dijo que ellos entendían el estrés del ministerio y que seguramente podrían ayudarme. Así que les hablé de mis pensamientos perturbadores, de mi incapacidad para concentrarme y para poder dormir. Les conté lo implacables que podían ser dichos pensamientos, y que estaba empezando a luchar contra el miedo. Concluí confesándoles que cada vez tenía menos ganas de estar con la gente. Me escucharon amablemente, compartieron conmigo un par de escrituras, y sugirieron que me tomara una semana de descanso.

Hice lo que me aconsejaron y me tomé unos días, pero mi mente nunca se apagó. Me alejé de la iglesia y las responsabilidades, pero pronto descubrí que la iglesia y las responsabilidades no eran mi lucha. Los pensamientos acosadores continuaban, a pesar de estar a varios cientos de kilómetros de distancia. Hoy, treinta años después, ayudo y entreno semanalmente a pastores que sostienen batallas en sus mentes. A menudo me dicen: "Si pudiera tener algo de tiempo libre, creo que estaría bien". ¡Ciertamente el tiempo de calidad es bueno! Permite a los pastores tomar distancia de las pesadas cargas y de las interminables responsabilidades que llevamos con frecuencia. El estrés de saber que cada llamada telefónica, mensaje de texto o correo electrónico podría ser una crisis, un feligrés infeliz, o un problema de la iglesia, pesa mucho en nuestras mentes y emociones.

De hecho, no importa el tipo de trabajo que desempeñes—ya sea como ama de casa, centrada en una auspiciosa carrera, jubilada, o apenas camino hacia tu futuro profesional—la vida puede seguir trayendo pesadas cargas y responsabilidades que asumir. ¡El estrés no discrimina!

Alejarse de un entorno estresante durante una temporada es saludable y proporciona una oportunidad para el descanso mental, emocional y físico. Pero si el estrés mental y emocional es causado por un pensamiento insano o un ataque satánico, el simple hecho de cambiar de ubicación no resolverá el problema.

Amigos y familiares me decían con cariño "¡Solo concéntrate en otra cosa! ¡No pienses en eso! Dedica tu mente a otro asunto. Ocúpate en algo". ¡Oh, cómo me hubiera gustado que fuese así de fácil y simple! Estaba perdiendo el control de mi mente, y era incapaz de pensar en las cosas que quería y debía pensar. A fines de enero de 1987, estaba realmente en problemas. No dormía más de tres horas seguidas. Odiaba las noches. Durante el día había alguien con quién hablar, algo que mantenía mi mente parcialmente ocupada, pero por la noche quedaba solo con esos tortuosos pensamientos.

Dar vueltas en la cama, subir y bajar, era mi rutina nocturna. Cuando acababa la noche estaba muy cansado y me dormía en mi sillón, solo para despertar de golpe con un sueño atormentador. Una vez despierto, los pensamientos hostigadores reaparecían. Aunque lo intenté y lo intenté, no podía apagar mi mente. Resultaba incapaz de detener esa avalancha de acoso y agobio. Pensamientos de temor, negativos, impuros, pesados, oscuros y opresivos bombardeaban mi mente en forma ininterrumpida mientras estaba despierto, y por la noche, me impedían descansar.

Con la precisión de una ametralladora militar, ráfagas de pensamientos acusadores, condenadores y dolorosos se descargaban sobre mi mente, una y otra vez. Acusaciones implacables, continuas y cíclicas invadían mi mente como un tsunami devastador, barriendo hasta la última hebra de fe y gozo que me quedaba.

Finalmente, el miedo me invadió al punto que ni abandonaba mi casa. El temor me había intimidado por tanto tiempo que llegué a convencerme de que, si salía a la calle, la gente iba a ver demonios en mí. Las personas se espantarían y alejarían.

Estos pensamientos de ansiedad no continuaron su arremetida únicamente contra mi mente, sino que también empezaron a aparecer en mi cuerpo. Experimentaba múltiples síntomas físicos: opre-

> Con la precisión de una ametralladora militar, ráfagas de pensamientos acusadores, condenadores y dolorosos se descargaban sobre mi mente, una y otra vez.

sión en el pecho, náuseas, y lo que sentía como un torniquete alrededor de mi cabeza. Incluso mi visión empezaba, literalmente, a oscurecerse. Encendía todas las luces de la casa, porque siempre me parecía oscura. Empecé a perder la memoria y no podía recordar los nombres de las personas. Lloraba tanto que vivía con un constante dolor de cabeza. Amanda me llevó con tres médicos diferentes, pero no pudieron encontrar nada malo desde el punto de vista físico.

Para entonces, los incipientes pensamientos atormentadores se habían convertido en una avalancha de cuanto argumento negativo y atemorizante se pueda imaginar: *Desvarías. Te estás volviendo loco. Las personas poseídas por demonios terminan desquiciadas. Vendrán a buscarte en cualquier momento para llevarte a un hospital psiquiátrico. Tu lugar es en una institución para enfermos mentales, junto a otros posesos. Nunca verás crecer a tu hijo. Tu abuela estuvo en un hospital mental, y es ahí donde terminarás. No toques a nadie porque el demonio que habita en ti entrará en ellos. Tú no eres un pastor; has sido un farsante todo el tiempo. El diablo orquestó que estuvieras en esta iglesia para destruirla. Incluso podrías ser el Anticristo. En alguna parte del camino, cometiste el pecado imperdonable. Tu esposa te va a dejar. Eres débil. Esto nunca mejorará. Estás poseído por el demonio. Eres una vergüenza para tu familia. Nadie te escuchará cuando prediques. Estás demasiado hundido.*

Solo enfrenta lo inevitable y termina con tu vida para que tu esposa y tu hijo puedan vivir en paz.

Una y otra vez, las ideas y sugerencias sobre cómo terminar con mi vida se reproducían en mi mente. La desesperanza y la oscuridad envolvieron mis pensamientos y mi semblante. No quería vivir así el resto de mi vida, así que, ¿de qué servía la vida? A parecer nadie entendía por lo que estaba atravesando, y era el causante de la miseria de mi esposa. Con el tiempo, la gente de la iglesia se cansaría de un pastor enfrascado en sus luchas, prefiriendo uno sano espiritualmente.

Durante este tiempo, un amigo me regaló un libro de Kenneth E. Hagin titulado *"Qué hacer cuando la fe parece débil y la victoria perdida"*. Al haber sido criado en una iglesia pentecostal tradicional, me habían advertido que me mantuviera alejado de todos esos "supuestos hombres de fe." Sin embargo, por la desesperación y el deseo de encontrar paz mental, abandoné la precaución al viento y comencé a leer el libro. A medida que lo leía, para mi gran asombro, obtenía un alivio temporal y paz en mi mente. Leí el libro de principio a fin varias veces. En cuanto terminaba de leerlo, volvía a empezar de nuevo. Mientras leía, mi mente se tranquilizaba, los pensamientos acosadores cesaban, y disfrutaba de una paz provisional.

El reverendo Hagin dijo algo que me sirvió de esperanza y luz cuando todo lo demás se tornaba oscuro. En el capítulo cuatro, titulado, "Asegúrate de que no se permita ninguna duda o incredulidad en tu vida", él escribe:

> Los pensamientos pueden venir y persistir en quedarse. Pero los pensamientos que no se expresan en palabras o acciones mueren antes de nacer. Recuerda también esto. Los santos más santos de Dios han encontrado a veces, en su mente, pensamientos que atribulaban su corazón.[1]

Por primera vez, encontré a alguien que me aseguró que yo no era la única persona enfrentada a pensamientos de acoso. Sus palabras me trajeron un atisbo de esperanza, descartando que un demonio me poseyera por tener estos feos y terribles pensamientos. A menudo me repetía sus palabras: "Los santos más santos de Dios han encontrado a veces, en su mente, pensamientos que atribulaban su corazón".

En mi entusiasmo por encontrar ayuda, hablé sobre el libro a gente de la organización de mi iglesia. Me reprendieron, advirtiéndome: "¡Está muy desencaminado! ¡Mantente alejado de esa lectura!". Pero como todo hombre que se ahoga y busca cualquier ayuda disponible, seguí leyendo. Algunos amigos ministros me llamaron durante este tiempo en particular y me advirtieron que nuestra organización no me vería con buenos ojos si me convertía en uno de esos "maestros de la fe". Llegaron a mí demasiado tarde; el libro me estaba ayudando.

El único momento en que podía frenar el ataque de los pensamientos atormentadores era cuando leía ese libro y mi Biblia. Pero, por desgracia, no podía leer las veinticuatro horas del día. Así que, en cuanto dejaba el libro, o cesaba de orar, el tormento mental sobrevenía.

A mediados de febrero de 1987, solo salía de casa para ir a la iglesia los domingos y los miércoles. Asistía para predicar y, sorprendentemente, la gente venía y disfrutaba de los servicios. Incluso había personas cuya vida cambiaba durante ese tiempo. Pero en cuanto terminaba el servicio, corría a mi oficina y evitaba estrechar la mano de alguien porque no quería que el demonio que había en mí se le metiera a la familia de la iglesia. Amanda saludaba a la gente cada domingo y se excusaba amablemente por mí. Luego, una vez que todos se habían marchado, me rescataba de mi oficina y me llevaba de vuelta a casa.

Hasta el día de hoy, Amanda recuerda momentos emocionantes de la vida de nuestro hijo menor—sus primeros pasos, la primera fiesta de cumpleaños, y sus primeras palabras—pero yo no los recuerdo. Mi mente estaba paralizada. Y yo, atado y hecho añicos.

¿Por qué me ocurría esto? Después de todo, me crie en un buen hogar, con padres maravillosos. Todos íbamos a la iglesia cada domingo y miércoles. Mi abuelo era el pastor de nuestra iglesia, y mi abuela supervisaba el ministerio de las mujeres. Mi padre era ujier, y mi madre era la organista de la iglesia.

Desde que tenía diez años, aspiraba a ser como mi abuelo y pastorear una congregación. Siempre estuve sano. Nunca me había metido en problemas. Fui el primero de mi familia en graduarse en la universidad. Me casé con mi hermosa novia de la escuela secundaria y me entusiasmaba la idea de estar en el ministerio, ayudar a la gente, y formar una familia.

Pero en 1987 me encontraba en un lío, pensando que estaba perdiendo la cabeza, volviéndome loco, y poseído por el demonio. De día, estaba prisionero en nuestra pequeña casa, y de noche, paralizado por pensamientos atormentadores. No podía concentrarme, ni trabajar, ni comer, ni dormir. No podía contar a mis amigos de la iglesia lo que estaba experimentando por miedo a que abandonaran la congregación. Siendo honestos, ¿quién quiere asistir a una iglesia donde el pastor está poseído por el demonio y perdiendo la razón? No podía contarte a mis compañeros de ministerio sobre esta lucha porque podrían decírselo a las autoridades de la iglesia, quienes me destituirían como pastor.

Tenía una abuela y otros familiares que habían pasado por un hospital psiquiátrico antes de morir. En aquellos años, la atención a la salud para los enfermos mentales y los discapacitados a nivel emocional no era tan útil como hoy. Tenía sueños y pesadillas en los que me internaban contra mi voluntad en ese lugar, y me imaginaba a mi pequeño hijo saludándome a través de los barrotes, tal como lo hice con mi abuela años atrás.

Toda esperanza parecía perdida, mi ministerio había terminado, y yo me volvía loco. Estaba convencido de que pronto perdería mi familia y mi libertad. Entonces, un sábado de febrero de 1987, *todo cambió.*

PREGUNTAS:

1. ¿Qué pensamientos atormentadores han hostigado tu vida?
2. ¿Cómo has respondido a los pensamientos de acoso?
3. ¿Qué mentiras has creído tú (o alguien a quien amas) sobre ustedes?

ORACIÓN:

Padre celestial, de acuerdo con tu palabra en 2ª de Timoteo 1:7, se me ha prometido una mente sana, libre de preocupaciones y ansiedad. Te pido que me empoderes para guardar los pensamientos de mi vida y aprender a prevenir el acceso de Satanás a mi mente. Declaro que tengo la mente de Cristo, pensamientos de vida, paz y gozo. En el nombre de Jesús, amén.

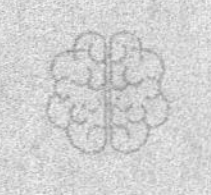

JESÚS SE
ME APARECIÓ

Amanda me había pedido diariamente que la acompañara a ella y a nuestro hijo pequeño para desayunar y hacer las compras un sábado por la mañana. Como ya no abandonaba la casa, comprendió que necesitaba mucho ánimo para aventurarme a salir.

A regañadientes, acepté unírmeles y pasé los siguientes días mentalizándome para salir de casa. Citaba las escrituras sobre la superación del miedo, leía mi Biblia y oraba, pero los pensamientos atormentadores parecían aumentar y se tornaron más exagerados: *En cuanto la gente te vea en el restaurante, sabrá que estás loco. Eres una vergüenza para tu familia. El demonio que hay en ti se manifestará en público. Peor aún, llamarán a la policía. Necesitas quedarte en tu casa, donde todos estarán a salvo de ti. ¡Estás poseído por el demonio y estás perdiendo la cabeza!* Llegó la mañana del sábado, y reunimos suficientes juguetes para mantener entretenido a nuestro pequeño hijo por unas horas, antes de ir a un restaurante local. El lugar estaba lleno de gente que reía y conversaba. Nos sentamos y pedimos el desayuno. Me iba bien hasta que, sin previo aviso, se desencadenó una avalancha. Una oleada de pensamientos negativos comenzó a vapulear mi mente: *¡Mira a tu alrededor! Esta gente sabe de ti. Saben que estás poseído por el demonio. Estás perdiendo la cabeza. ¡Lárgate de aquí! El demonio entrará en la camarera. Te estás volviendo loco.*

Una y otra vez, los pensamientos se agolparon en mi mente, disparándome tan rápido que parecía incapaz de resistir y dar pelea para contenerlos. Empecé a sacudir la cabeza y a frotarme la frente en un intento por reaccionar, pero fue en vano. El hostigamiento continuó.

En pocos minutos, sentí que el salón se cerraba sobre mí. Sudaba profusamente, la cabeza me latía con fuerza, y el nivel del ruido pareció intensificarse. Amanda supo que algo ocurría y me preguntó si estaba bien. Le dije que tenía que irme.

"¡Por favor, quédate! Todo va a salir bien", dijo apretando mi mano.

Intenté luchar, pero no pude soportarlo. Tenía que salir de allí. Me levanté precipitadamente y salí corriendo del restaurante directo hacia el auto.

Las lágrimas rodearon por mis mejillas al comprobar que aquellos pensamientos acertaban:

"Estoy perdiendo la cabeza. Me van a encerrar. Nunca más podré volver a salir en público. Moriré en un hospital psiquiátrico. No puedo sacarme este demonio de la cabeza. Terminaré en el infierno. No quiero ir al infierno. Voy a perderlo todo: mi familia, mi casa, mi iglesia. Todo desaparecerá, porque estoy loco".

Unos minutos después, Amanda y nuestro pequeño hijo llegaron al auto, ambos llorando. Le pedí que me llevara a casa. Ninguno de los dos olvidará nunca ese silencioso trayecto. Mi mente iba a toda velocidad y me sentía impotente para hacer algo más que escuchar esos pensamientos e imágenes negativos y acusadores que inundaban mi mente.

Cuando alcanzábamos el camino de entrada, Amanda me dijo que necesitábamos alimentos, y que se llevaría a nuestro hijo con ella hasta la tienda.

"De acuerdo", dije con discreción, y caminé hacia la casa sintiéndome un hombre derrotado de la cabeza a los pies. Entré a nuestro estudio tambaleándome y caí de bruces en la alfombra, llorando inconteniblemente.

Angustiado, grité: "¡Oh, Señor, estoy perdiendo la cabeza! ¿Qué me pasó?¿Cómo llegué a esto? ¡Me estoy muriendo! ¡Por favor, Señor Jesús, ven a ayudarme!".

La desesperanza y la impotencia abrumaban mi corazón y mi mente. De alguna manera supe que este era el final. Me di cuenta de que no me iba a recuperar; no sabía cómo hacerlo. Ni siquiera podía explicar cómo había empezado ese calvario mental y emocional, ni cómo había alcanzado tales profundidades de total derrota y desesperación.

Desesperado, volví a gritar: "¡Señor Jesús, me estoy muriendo! ¡Por favor, ven a ayudarme!".

Ignoro cuánto tiempo estuve con la cara enterrada en la alfombra, pero al fin dejé de llorar y me quedé en silencio.

De repente, sentí algo inusual. Fue en ese momento cuando me di cuenta de que ya no estaba solo en la habitación.

Al levantar la cabeza, observé los pies de un hombre. Llevaban sandalias. Al principio pensé: "Mi vecino debió verme llegar a casa y vino a averiguar cómo estoy", así que me levanté rápidamente apoyado en manos y rodillas, para evitar que me viera tan descompuesto.

Para mi total asombro, frente a mí estaba Jesús. Llevaba una túnica blanca, y su cabello largo alcanzaba a tocar sus hombros. Sus rasgos faciales se asemejaban a los de las representaciones que vemos a menudo en pinturas y otros trabajos artísticos.

Su presencia me dejó deslumbrado.

De inmediato, el miedo y el temor que habían sido mis compañeros constantes durante meses, desaparecieron. Una relajante sensación de paz abrumó y acalló los pensamientos que venían torturándome.

Fue como si el mundo entero se detuviera.

Otra clase de pensamientos inundaban ahora mi mente: *¿Era esto real? ¿Había muerto e ido al cielo?*

¿Estaba alucinando? ¿Se trataba todo de un sueño?

Intentando tomarme una pausa di un vistazo a la habitación, descubriendo para mi sorpresa que continuaba en mi estudio. No dije una palabra (no podía). Jesús seguía de pie frente a mí. Me apoyé sobre mis rodillas sin quitarle los ojos de encima.

No sé cuánto tiempo nos miramos, pero recuerdo Su dulce sonrisa.

"Eddie, qué quieres que haga por ti?", me preguntó.

Rápidamente respondí: "Señor Jesús, estos pensamientos me están matando".

Jesús sonrió y dijo: "Te dije que los pensamientos son como vapores; humo".

Inmediatamente mi mente regresó, meses atrás, a un tiempo de oración, justo por los días en que iniciara esta tormentosa prueba. En la oración, le había preguntado al Señor por qué estaba teniendo estos pensamientos locos, y una fuerte impresión de las palabras *vapores y humo*, surgió en mi interior, en mi espíritu. Cuando apenas empezaba a andar en el Espíritu no les presté atención, porque por entonces no tenían ningún sentido para mí.

> El engaño del ataque de Satanás no es más que una cortina de humo, desprovista de fuerza y poder.

En este punto, sin embargo, me di cuenta de lo que el Espíritu de Dios me dijo meses antes, que el engaño del ataque de Satanás no es más que una cortina de humo, desprovista de fuerza y poder. Su arsenal son mentiras vacías.

Unos años más tarde, leí otro libro de Kenneth E. Hagin titulado *La autoridad del creyente.* En este libro el autor detalló una visión en la que un espíritu maligno parecido a un pequeño mono corría entre Jesús y él. Este espíritu maligno esparcía algo que parecía una cortina de humo o nube oscura. Lo que intentaba hacer era impedir que el reverendo Hagin pudiera ver y recibir del Señor.[2]

Viendo en retrospectiva, esos meses que viví en la angustia, tenía la Palabra de Dios sobre el asunto. El Señor me había revelado fielmente y desde el principio la verdad sobre esos pensamientos atormentadores, pero yo no la capté. La respuesta que me dio fue una impresión sutil que vino durante la oración, pero mi atención estaba puesta en la búsqueda de algo más dramático y espectacular.

A partir de aquel día, he aprendido a escuchar la *sutil palabra* del Señor, la *voz apacible y delicada* que se menciona en 1 de Reyes 19:12. Las visiones, los sueños, y los eventos espectaculares de Dios son maravillosos y dinámicos, pero suelen ser la excepción, y no la regla. De hecho, las visiones espectaculares que tuve solo ocurrieron cuando estaba en auténticos problemas. Si hubiera prestado atención a la sutil palabra del Señor antes —cuando me habló por primera vez— me habría ahorrado mucho dolor y sufrimiento.

Desde que aprendí este principio acerca de cómo el Espíritu trabaja y guía normalmente, no busco visiones ni manifestaciones espectaculares. Me siento satisfecho cuando obtengo respuestas en mis oraciones diarias, cuando detecto el testimonio interno del Espíritu Santo (Romanos 8:14, Proverbios 20:27), o cuando escucho la voz apacible y delicada (1a de Reyes 19:11-13).

Tan pronto Jesús advirtió: "Te dije que los pensamientos son vapores; humo," se inclinó, tocó el lado derecho de mi cabeza y comenzó a sacar de ella lo que parecía una pancarta con una inscripción.

La única forma en que puedo describir esta pancarta es comparándola con las que a veces extienden sobre las carreteras para anunciar algún evento especial en un pueblo o ciudad. Una vez Jesús la arrancó por completo, pude ver lo que decía: "Estás poseído por el demonio."

Ese era el principal pensamiento que había iniciado toda la pesadilla. El que apareció en mi mente varios meses antes mientras conducía por la carretera. El pensamiento recurrente que me atormentaba sin tregua y que no podía apagar ni detener porque no hallaba cómo hacerlo. Era el pensamiento maligno que me estaba volviendo loco.

Para mi gran asombro, Jesús sopló sobre la pancarta y esta desapareció como si fuera un vapor, simple humo.

A lo largo de los años, luego de recrear esta escena varias veces en mi mente, me doy cuenta de que Jesús no trató de razonar ni lidiar con este pensamiento recurriendo a la lógica. Tampoco dedicó tiempo a responder a la acusación. Jesús simplemente la destruyó.

Una de las argucias más efectivas de Satanás es seducirnos con un juego de preguntas y respuestas en nuestras mentes. Descubrí que cada vez que sugería una respuesta lógica, Satanás volvía con otra pregunta; el juego nunca acababa. Terminé a la defensiva y eventualmente incapaz de responder adecuadamente a todas las preguntas que generaban duda y temor. Si Satanás logra mantenernos en la arena del pensamiento lógico, nos vencerá siempre.

Entonces, sin decir una palabra, Jesús se agachó de nuevo, tocó el lado derecho de mi cabeza y extrajo otra pancarta. Cuando la sacó, pude ver lo que allí estaba escrito: "Dios no te ama."

> Si Satanás logra mantenernos en la arena del pensamiento lógico, nos vencerá siempre.

Este era el otro pensamiento que me atormentaba continuamente, día y noche. En este punto, había llegado a convencerme de que estaba fuera del alcance del amor de Dios debido a los pensamientos acosadores y malvados que inundaban mi mente. Recuerdo haber pensado que debía estar alejado del amor de Dios; de lo contrario esos pensamientos cesarían. Nunca había escuchado que alguien en el ministerio compartiera semejante clase de experiencia, y sabía que Dios amaba a los ministros. Por lo cual concluí que si estaba experimentando tal tormento, entonces Dios no debía amarme. Pero, ¿qué había hecho yo para que no me amara? Este era el proceso argumentativo que asaltaba mi mente y combatía en mis pensamientos a diario y sin pausa.

Jesús nunca respondió a la pregunta de por qué me ocurría esto. Tampoco me dio una revelación sobre cómo responder de manera lógica a los pensamientos maltratadores. Jesús, simplemente, los destruyó.

Una vez más, sin decir una palabra, Jesús sopló sobre la pancarta con el escrito y esta se evaporó como una bocanada de humo. De rodillas, me senté en mis talones, en total silencio.

Era como si estuviera en otro lugar, pero consciente de permanecer arrodillado en mi estudio. Recuerdo que Jesús no tenía prisa, y me sonreía con frecuencia. Con cada sonrisa llegaba una sobrecogedora sensación de paz y amor que nunca antes había experimentado.

Por tercera vez, Jesús se agachó y sacó otra pancarta de un lado de mi cabeza, esta vez en blanco. Para mi sorpresa, esta pancarta no tenía nada escrito: estaba totalmente en blanco. En lugar de soplar sobre ella, como hizo con las otras dos, la enrolló formando una bola de papel.

Mientras observaba el desarrollo de la escena, Jesús dijo: "¡Ahí está tu problema, Eddie!", y señaló hacia la esquina de la habitación. Allí, en la esquina misma de mi estudio, vi dos criaturas peludas, del tamaño de monos. No podía calcular su estatura porque estaban acurrucados, como escondiéndose, acobardados, presas del temor.

Jesús volvió a verme y luego fijó la mirada de nuevo en las criaturas con aspecto de monos. Lo hizo un par de veces. Cada vez que los miraba, se estremecían de miedo. Pude ver cómo temblaban sus cuerpos peludos. Cuando Jesús me miraba, la paz se apoderaba de mí, pero cuando se volvía hacia ellas, las criaturas entraban en pánico.

Sin más palabras, Jesús arrojó la pancarta enrollada hacia las criaturas con aspecto de monos. Cuando lo hizo, emitieron un chillido espantoso y se agarraron el uno al otro. Los observé durante unos instantes. Se agitaron y gimieron con la cabeza enterrada en el rincón de la habitación, rehusándose a mirar a Jesús.

Mientras se desarrolló toda esta escena, nunca experimenté ningún temor. Aunque estaba en presencia de espíritus demoníacos, en ningún momento sentí nervios o ansiedad. La presencia de Jesús eliminó por completo el temor. ¿No es eso lo que dice la Palabra de Dios: "En el amor no hay temor; sino que el perfecto amor, echa fuera el temor..."? (1 Juan 4:18).

Era evidente que los dos espíritus inmundos tenían mucho miedo. He recordado esa escena a propósito muchas veces, durante los años en que el temor intentó invadirme. Eso me lleva a recordar que eran los emisarios del diablo los atemorizados, no Jesús, ni yo.

Después de unos momentos, volví a mirar a Jesús, y una vez más, me sonrió. Entonces, súbitamente, se había ido. No lo vi ascender ni desaparecer lentamente. Simplemente se fue. Rápidamente miré hacia la esquina donde estaban las criaturas de aspecto simiesco, y también se habían marchado.

No sé cuánto tiempo estuve sentado en el suelo después de lo ocurrido. Solo recuerdo que estaba ahí, simplemente llorando. No como lo había hecho durante los últimos meses por el miedo y el tormento, sino por la increíble paz y el descanso que experimentaba en mi mente.

Algún tiempo después, Amanda y nuestro hijo pequeño volvieron a casa. Cuando ella entró al estudio me encontró llorando. Preguntó si estaba bien. Sacudí la cabeza en señal de afirmación, incapaz de hablar. Intenté relatarle lo que había pasado, pero lo único que podía hacer era llorar. Durante los tres días siguientes lloré continuamente. No era un llanto de angustia. Una inmensa sensación de paz, descanso y consuelo me envolvió por completo. Era incapaz de articular frases sin romper en llanto. En las noches dormí como un bebé, y solo me desperté un par de veces. En esos momentos no sentí ansiedad, ni miedo, y pude volver a dormirme.

Por los próximos días me quedé en casa, pero ya no por causa del miedo. La presencia de Jesús permaneció sobre mí. Era como si un manto de paz, bienestar, y descanso me cubriese. No entendía bien lo que era, pero no quería perderlo. Mi mente estaba en reposo. Los pensamientos atormentadores cesaron. La persistente sensación de miedo se había ido. El caos fue silenciado. Los dolores de cabeza desaparecieron, las constantes náuseas ya no estaban, y dejé de sentir ese apretado torniquete alrededor de mi cabeza. Incluso empecé a notar las cosas pequeñas, como el tiempo, las fragancias, y el divertido comportamiento de mi hijo pequeño.

Aunque no hablaba mucho con Amanda, estaba de nuevo "presente" con ella, no solo coexistiendo en la misma habitación. No estaba perdido en mis pensamientos ni mirando al vacío, como se me volvió costumbre por semanas, antes de la visita de Jesús.

Tres días después salí de casa, y me sentí normal por primera vez en semanas. Fui a la iglesia y pasé varias horas en mi oficina. Recuerdo que me arrodillé para orar y, una vez más, lo único que pude hacer fue llorar. En un par de ocasiones simplemente me senté en el suelo y lloré por varias horas. No a los gritos. Me sentía abrumado y agradecido de que la tortura y el temor se hubieran ido. Sencillamente no hallaba cómo articular la palabra *gracias*, así que lloré. Creo que Dios comprendía mi admiración y aprecio por lo que Él había hecho conmigo.

Durante las dos semanas siguientes, fue como si caminara en una nube. Mi mente estaba en reposo, me reía, y cierta normalidad retornaba a nuestro hogar. Por primera vez en varios días empecé a pensar en nuestro futuro, y a mirar hacia adelante. Había experimentado algo extraordinario, y eso cambió mi vida.

Varios meses después de la visitación, seguía pensando en esos preciados momentos con Jesús todos los días. Oraba y le pedía al Señor que no me dejara olvidarlos, ni darles una interpretación incorrecta. También me preguntaba que podía representar esa tercer pancarta. No tenía nada escrito, y Jesús no la evaporó soplando sobre ella, como lo hizo con las otras dos. La tercera pancarta la enrolló, como si fuera una bola de papel y se la arrojó a los demonios.

Varios años después, mientras me encontraba en mi oficina estudiando y orando por un mensaje dominical, una presencia inusual del Señor llenó la habitación. Muchas veces me emociono cuando estudio por algo que aprendo o por algún pensamiento que el Espíritu Santo deja caer en mi corazón, pero este momento fue totalmente diferente. La presencia tangible del Señor entró a ese cuarto. De hecho era tan manifiesta, que detuve lo que hacía esperando, literalmente, ver a Jesús o un ángel. No ocurrió así, por lo cual me senté en silencio. Fue entonces que oí a Jesús. No creo haberlo escuchado con mis oídos físicos, pero era tan real y claro que casi sonaba audible.

Estas fueron sus palabras:

"Te voy a hablar ahora sobre la tercera pancarta. Representa la mentira que Satanás ha usado con la gente por mucho tiempo. Seguías preguntándote: "¿Por qué me pasa esto a mí?". Satanás escuchó esa pregunta y la respondió con este engaño: "Has hecho algo pecaminoso que lo atrajo". Pero nunca lograste averiguar qué hiciste exactamente, incluso después de confesar y pedir perdón por todo lo que podías recordar, múltiples veces".

Entonces el Señor me recordó las docenas de personas a las que he ministrado, orando y hablando con ellas a lo largo de los años y que se han preguntado lo mismo: "¿He cometido un pecado imperdonable y abierto la puerta a este acoso?".

¿También tienes esta pregunta? ¿Estás atormentado con la idea de que hiciste algo pecaminoso o incorrecto que abrió la puerta al acoso en tu mente, a pesar de que lo confesaras, arrepintiéndote de todo lo que se te ocurría que estaba mal? *¡Alto!* Es un truco del diablo para mantenerte en la duda y el temor.

Mira lo que dijo Jesús:

> *Sin embargo, les digo la verdad. Les conviene que me vaya; porque si no me voy, el Consolador no vendrá a ustedes; pero si me voy, se lo enviaré. Y cuando venga, convencerá al mundo de pecado, de justicia, y de juicio* (Juan 16:7-8).

Jesús dijo que cuando el Espíritu Santo venga, convencerá, o traerá evidencia del pecado. Satanás, por su parte, acusa sin pruebas. Si Satanás puede mantenerte cuestionando y dudando de tu justicia en Cristo, te impedirá ejercer tu legítima autoridad sobre él. Si piensas que debiste hacer algo *de lo que ni te puedes acordar* para atraer el dolor sobre tu vida, toma cautivo ese pensamiento. ¡Es una mentira!

Han pasado algo más de 30 años desde aquella visita que me hizo Jesús. Pero puedo decir con toda honestidad que esos dos pensamientos que más me acosaban y causaban tanto tormento (*"estás poseído por el demonio"* y *"Dios no te ama"*) se encuentran ahora tan lejos y removidos por completo de mi mente, que es como si nunca los hubiera albergado. Intentaron regresar, ¡pero su poder se esfumó, evaporado por el aliento de Jesús!

PREGUNTAS:

1. ¿Cuáles son las mentiras que el diablo ha tratado de venderte y que el mismo Jesús te diría que son "vapores; humo"?

   ¡Permíteme animarte a anotar esas mentiras y la escrituras de la Palabra de Dios que las derriba y manda a volar!

2. Satanás nos acusa sin evidencias legítimas. ¿Qué estrategia resulta efectiva para combatir sus acusaciones y acoso?

3. ¿Cuándo fue la última vez que experimentaste un ataque de pánico o una batalla en tu mente por tus pensamientos? ¿Cómo superaste ese momento atormentador?

ORACIÓN:

Padre celestial, te agradezco que de acuerdo con tu palabra en Lucas 10:19, tengo autoridad sobre todo el poder del enemigo. Mi mente me pertenece. No es propiedad del temor, la preocupación, y la condenación. Ayúdame, Padre, a resistir los ataques contra mi mente y a negarme a creer las acusaciones ilegítimas de Satanás en mi contra. En el nombre de Jesús, amén.

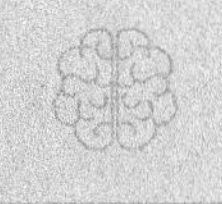

EL CASCO DE LA SALVACIÓN: PROTECCIÓN DE DIOS PARA NUESTRAS MENTES

Tras esa monumental mañana de sábado, cuando Jesús se me apareció, experimenté unos meses de maravillosa paz y descanso en mi mente. Por varias semanas continué tratando de procesar lo que significaba esa visitación. Solo le conté a Amanda y a un par de amigos del ministerio lo que había sucedido porque me parecía demasiado sagrado para hablar de ello. Y para ser sincero, una sensación de asombro persistía en cobijarme como si fuese un manto. No quería decir ni hacer nada que pudiese privarme de su abrigo.

Al cabo de un mes, volvía a tener un horario de oficina normal en la iglesia y estaba ocupado con las responsabilidades pastorales habituales—visitar a los enfermos, estableciendo redes de apoyo con voluntarios, y preparándome para tres sermones semanales. ¡Ah, sí!, por aquel entonces íbamos a la iglesia tres veces por semana: el domingo por la mañana, y las noches del domingo y el miércoles. Estaba agradecido de que nuestra vidas retornaran a la normalidad.

No podemos adelantarnos mentalmente a Satanás, pero sí obligarlo a retirarse por medio de nuestra confesión.

Durante mis devocionales, noté que la Biblia cobraba un nuevo aspecto ante mis ojos. Después de la visita de Jesús, la Biblia ya no era solo un libro de grandes historias para predicar, sino que se había convertido en una fuerza vital para mí. Era como si la palabra de Dios pasara a través de mí en lugar de que yo pasara por la palabra de Dios. ¡Cada capítulo que leía estaba vivo! Vi principios en la palabra del Señor que nunca antes había advertido. De hecho, empecé a disfrutar tanto la lectura de la Biblia que no podía soltarla.

> Todos los planes y estrategias de Satanás en contra nuestra comienzan con un simple pensamiento.

Pasaron unos meses más y todo iba de maravilla. Nuestra iglesia crecía, y nuestro pequeño hijo corría a toda velocidad. La vida era hermosa, y estábamos viviendo el sueño.

Entonces, sin previo aviso, los horribles y atormentadores pensamientos comenzaron de nuevo. Pero esta vez fue diferente. En lugar de paralizarme cuando llegaron, su poder y capacidad de intimidar eran menos contundentes. Parecía que los pensamientos acusadores habían perdido buena parte de su aguijón.

Los que ahora me sobrevenían parecían ser los mismos de antes: *Estás poseído por el demonio. Te estás volviendo loco. Dios no te ama. Eres un farsante.* Con la diferencia de que, en esta ocasión se percibían impotentes. No conseguían penetrar ni encontrar en mi mente un lugar dónde alojarse. Estaban en el exterior, tratando de entrar, porque esta vez estaba armado con la verdad. Esa verdad que Jesús compartió conmigo —en el sentido de que los pensamientos son como vapores o humo, desprovistos de fuerza y poder— sirvió como mi escudo de fe para extinguir todos los dardos de fuego de Satanás.

Cuando un pensamiento negativo intentaba entrar en mi mente, inmediatamente recordaba lo que Jesús me dijo y declaraba en voz alta: "Esto es mentira y no tiene poder!". Con solo expresarlo, el pensamiento tortuoso reculaba hacia la oscuridad.

Durante ese tiempo, aprendí una valiosa verdad sobre cómo mantener el control de los pensamientos en nuestras vidas: No podemos adelantarnos mentalmente a Satanás, pero sí obligarlo a retirarse por medio de nuestra confesión.

El diablo se mueve en el ámbito del pensamiento. De hecho su modus operandi (MO) es el control del pensamiento. Satanás ejerce su influencia y poder sobre las personas y las naciones introduciendo pensamientos en sus mentes.

Satanás nunca engaña o convence a la gente de que siga su camino acercándose con un traje de diablo y un tridente. Si lo hiciese lo reconocerían por lo que es y le opondrían resistencia. Satanás nunca telegrafía sus tentaciones con una nota que advierta: "Este momento es una oportunidad para destruir tu vida." Si vistiera sus tentaciones con la realidad, nunca caeríamos en ellas. No, Satanás siempre introduce la tentación con un pensamiento, y si lo aceptamos, su engaño está en marcha. Considera esto:

todos los planes y estrategias del diablo en contra nuestra comienzan con un simple pensamiento.

Encontramos una advertencia del apóstol Pablo sobre la necesidad de protegernos de los planes y estrategias malignas del diablo. Pablo dijo que una manera de resguardarnos frente a los ardides de Satanás es vestirnos con la armadura de Dios.

… Sean fuertes en el Señor y en su gran poder. Pónganse toda la armadura de Dios para poder mantenerse firmes contra todas las estrategias del diablo. Pues no luchamos contra enemigos de carne y hueso, sino contra gobernadores malignos y autoridades del mundo invisible, contra fuerzas poderosas de este mundo tenebroso, y contra espíritus malignos de los lugares celestiales. Por lo tanto, pónganse todas las piezas de la armadura de Dios, para poder resistir al enemigo en el tiempo del mal. Así, después de la batalla, todavía seguirán de pie, firmes. Defiendan su posición, poniéndose el cinturón de la verdad y la coraza de la justicia de Dios. Pónganse como calzado la paz que proviene de la Buena Noticia a fin de estar completamente preparados. Además de todo esto, levanten el escudo de la fe para detener las flechas encendidas del diablo. Pónganse la salvación como casco y tomen la espada del Espíritu, la cual es la palabra de Dios (Efesios 6:10-17, NTV).

Pablo nombró cada pieza de la armadura que debemos ponernos, según su instrucción: el cinturón de la verdad (vers. 14), la armadura de la justicia de Dios (o coraza de justicia como la NVI se refiere a ella en el vers. 14), el calzado de la paz (vers. 15), el escudo de la fe (vers. 16), el casco de la salvación (vers. 17), y la espada del Espíritu (vers. 17). Sin duda, cada pieza de la armadura es valiosa y necesaria para resistir las asechanzas del diablo. Pero para enfocarnos en nuestro asunto, vamos a centrarnos en el casco de la salvación. Protege nuestras cabezas (nuestro cerebro, nuestra mente y los pensamientos de nuestra vida).

El casco que se indica que nos pongamos no es una pieza cualquiera sino el casco de la salvación. La palabra salvación significa: "liberación, seguridad, preservación, sanidad y firmeza". Literalmente, Pablo nos instruyó para llenar nuestras mentes con el conocimiento de nuestra liberación, seguridad, preservación, sanidad y firmeza en Cristo. Al hacerlo, tenemos protección contra el diablo cuando este intenta deslizar en nuestras mentes pensamientos de acusación, condenación, acoso, lujuria o temor, que nos tientan o atormentan.

Después de la visita de Jesús, la vida fue diferente para mí porque Él expuso las mentiras del diablo. Jesús me enseñó las verdades que ahora te estoy transmitiendo. Cuando Satanás intentó filtrarse en mi mente con sus pensamientos atormentadores, fracasó. Mi mente fue cubierta con la verdad de la palabra de Dios, que actuó como un casco protector.

Lo que ocurre cuando no protegemos nuestras mentes

La Biblia retrata la vida de muchas personas cuyas decisiones salieron bien caras, simplemente porque no protegieron sus mentes contra los ataques de Satanás. Consideremos algunos de estos casos y comportamientos, para que podamos aprender de los errores de sus protagonistas.

Ananías y Safira: Satanás llenó su corazón

En Hechos 5, la Iglesia del Nuevo Testamento era joven y estaba creciendo. El Espíritu Santo movía a las personas a entregar sus casas, tierras y posesiones para que los menos afortunados de la Iglesia tuvieran lo suficiente. Una pareja de la Iglesia, Ananías y Safira, se enteró de estos actos de generosidad y quiso participar en la obra. Por lo tanto, vendieron una posesión y dieron una parte del dinero recibido a los apóstoles para su distribución. Sin embargo, causaron en la Iglesia la impresión de que habían dado todo el dinero a los apóstoles.

Aparentemente, el Espíritu Santo le reveló a Pedro lo que hizo la pareja. El apóstol llamó a Ananías y le dijo que la propiedad le pertenecía, de modo que estaba en todo su derecho de venderla, no venderla, dar una parte de ella, todo, o nada. El problema no era la cantidad entregada, sino el hecho de que Ananías y Safira mintieron. Dieron la impresión de hacer una cosa cuando en realidad estaban haciendo otra.

> La única manera en que Satanás influye en nuestras vidas es lanzando sus pensamientos embusteros.

Fíjate en lo que Pedro le dijo al hombre: "Ananías, ¿por qué Satanás ha llenado tu corazón para mentir al Espíritu Santo y retener para ti una parte del precio de la tierra?" (Hechos 5:3).

¿Cómo llenó Satanás el corazón de Ananías? El diablo no lo agarró abriendo su pecho para verter el engaño en su corazón. No, Satanás llenó a Ananías con mentira al introducir un pensamiento engañoso. El diablo ya operaba en el campo de batalla de la mente, y sus tácticas no han cambiado dos mil años después. La única manera en que Satanás influye en nuestras vidas es lanzando sus pensamientos embusteros. Nosotros, a la vez, los atrapamos y meditamos en ellos hasta que los hacemos nuestros.

Pablo nos previno sobre la táctica de Satanás y nos enseña cómo defendernos en 2 de Corintios 10:

> *...Capturamos los pensamientos rebeldes y enseñamos a las personas a obedecer a Cristo* (Vers. 5, NTV).

Debemos aprender a examinar cada pensamiento bajo el microscopio de Cristo y Su Palabra. Si un pensamiento no se alinea con la Palabra de Dios, debemos tomarlo cautivo y rehusarnos a permitir que deambule por nuestras mentes.

Este engaño puesto en escena por Ananías y Safira terminó costándoles la vida, y todo comenzó con un solo pensamiento. Satanás introdujo un pensamiento fraudulento en la mente de la pareja y ellos lo aceptaron. No lo destruyeron, ni lo rechazaron, ni lo echaron de sus mentes. Lo entretuvieron hasta que se convirtió en su propia manera de pensar y luego actuaron en consecuencia.

Simón el hechicero: "el pensamiento de tu corazón"

Otra conocida historia bíblica se encuentra en Hechos 8 y tiene que ver con Simón, el hechicero. Un avivamiento se produjo en Samaria y la región entera estaba patas arriba. La gente era salvada, sanada, y liberada de la posesión demoníaca. Los milagros, señales y prodigios tenían lugar continuamente a través del ministerio de Felipe, el diácono.

Pronto, Pedro y Juan viajaron a Samaria para enseñar a recibir el Espíritu Santo como ellos mismos lo habían hecho el día de Pentecostés. A medida que Pedro y Juan imponían las manos sobre los samaritanos, la gente comenzó a recibir el Espíritu Santo. Cuando Simón vio este fenómeno sobrenatural, le ofreció dinero a Pedro y a Juan a cambio del don de imponer las manos sobre la gente para que recibieran el Espíritu Santo.

En Hechos 8:21, leemos la respuesta de Pedro: "No tienes arte ni parte en este asunto, porque tu corazón no es recto a los ojos de Dios." Los apóstoles discernieron que los motivos de Simón eran impuros y revelaban que su corazón no estaba bien.

> Un pensamiento pecaminoso abrazado y puesto en acción tiene el poder de destruir nuestras vidas.

A continuación, Pedro nos ofrece una clave de lo que causó la contaminación del corazón de Simón:

Arrepiéntete, pues, de esta maldad tuya, y ruega a Dios si acaso perdona el pensamiento de tu corazón (Hechos 8:22).

Simón había acogido un pensamiento pecaminoso y actuado en consecuencia, motivado para obrar de una manera que desagradó a Dios.

De hecho un pensamiento pecaminoso abrazado y puesto en acción tiene el poder de destruir nuestras vidas. Discutiremos más este principio en los capítulos titulados: "La anatomía de una fortaleza (partes 1 y 2)".

Advertencia de contraataque

El mejor consejo y recomendación que puedo darte es que nunca salgas de casa sin tu casco protector. De hecho, tampoco debieras quedarte en casa sin él. Llevar puesto el casco de la salvación en todo momento te salvará de los ataques y contraataques, y del tormento que conllevan.

A lo largo de los años, decena de personas bienintencionadas me han preguntado, "¿Por qué regresaron esos pensamientos? Si Jesús los hizo evaporar, y desaparecieron, por qué volvieron?".

Examina lo que nos dice la Biblia en Mateo 12:

Cuando un espíritu inmundo sale del hombre anda por lugares secos, buscando reposo, y no lo encuentra. Entonces dice: "Volveré a mi casa de donde salí". Y cuando llega, la encuentra desocupada, barrida, y ordenada. Entonces va y se lleva consigo otros siete espíritus peores que él, y entran y se quedan allí; y el postrer estado de ese hombre viene a ser peor que el primero (vers. 43-45).

Por desgracia, Satanás es más diligente que muchos cristianos. El evangelio de Mateo nos da una idea de su persistencia. Espíritus malignos, influencias e ideologías no pueden arrojar los resultados esperados sin una morada. Para operar en el mundo natural, deben tener aliados naturales. Cuando un espíritu inmundo ha perdido su efectividad sobre una persona o nación, buscará a otros. Antes de moverse en otra dirección, intentará volver a la que originalmente fue su habitación.

Jesús nos dice que si nuestros espíritus y mentes no han sido llenados con la Palabra de Dios, el espíritu inmundo o lo influencia que este ejerza, intentarán entrar de nuevo. La influencia maligna—engaño o patrón de pensamiento—volverá, y el último estado de la persona será entonces peor que el primero.

A lo largo de los años, he impuesto las manos a cientos de personas que lidiaban con tormentos mentales, pensamientos desbocados y recuerdos acosadores. Debido a la unción, los pensamientos y tormentos deben retirarse después de la imposición de manos.

Sin embargo, siempre tengo cuidado de decir a las personas por las que oré que llenen sus mentes con la palabra de Dios y que se pongan sus cascos de salvación diariamente, porque los pensamientos atormentadores intentarán regresar.

Cuando esos pensamientos vuelvan, ¡habla y confiesa la Palabra de Dios en ese momento! Recuerda, no podemos adelantarnos mentalmente a Satanás, pero sí obligarlo a retirarse por medio de nuestra confesión.

Se nos ha dado una maravillosa promesa en 2a de Timoteo 1:7: "Dios no nos ha dado espíritu de temor, sino de poder, amor y de una mente sana". Si nos volvemos perezosos o nos cansamos en la batalla de los pensamientos, eventualmente cederemos ante la influencia de los pensamientos acosadores. Pero si somos diligentes para declarar la palabra de Dios en respuesta a los pensamientos atormentadores, podremos mantenerlos alejados.

PREGUNTAS:

1. ¿Cuál es el MO (modus operandi) del diablo, y el escenario donde hace su trabajo sucio?

2. ¿Cómo puedes poner al diablo en retirada cuando ataca tus pensamientos diarios?

3. ¿Cómo comienzan todos los planes malvados del diablo?

ORACIÓN:

Padre Celestial, agradezco que, de acuerdo con tu palabra en Isaías 26:3, me guardarás en perfecta paz cuando mi mente persevere en someter mis pensamientos a ti. Ayúdame a reconocer cuando los pensamientos maliciosos y malsanos intenten filtrarse en mi patrón de pensamiento. Ayúdame de inmediato a tomar cautivos esos pensamientos impíos, para que pueda disfrutar de la paz mental que tú has prometido. En el nombre de Jesús, amén.

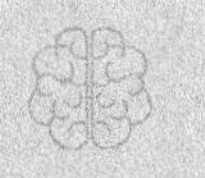

FUI AL CIELO

Habían pasado algunos meses después de la visita que me hizo Jesús y yo había sido diligente en mantener mi mente y mi corazón llenos con la palabra de Dios. Diariamente, confesaba las Escrituras sobre mi vida y procuraba usar en todo momento mi casco de salvación. Escuchaba música de adoración, y decidí no permitir que mis pensamientos se perdieran en la nada. Pero un miércoles por la tarde, todo cambió.

La batalla mental había sido más intensa durante todo ese día mientras me preparaba para mi estudio bíblico del miércoles por la noche. Físicamente estaba cansado, así que mi nivel de energía no era el mejor. Aquel día tuve un par de pensamientos negativos, y experimenté algunos momentos de pesadez. Me tuve que esforzar para mantener mi mente concentrada en la lección que daría en el servicio. Al darme cuenta de que estaba bajo ataque, dejé mi estudio y simplemente me arrodillé junto a mi escritorio para orar.

Aunque estaba confesando la palabra de Dios en oración, parecía que con cada verso que reconocía el acoso, los pensamientos malignos se hacían más viles y fuertes. Una extraña dinámica ocurría. Estaba orando verbalmente desde mi corazón y hablando la Palabra de Dios, pero mi mente era bombardeada con pensamientos terribles.

Recuerdo que este pensamiento en particular cruzó por mi mente: *Ríndete y cede. Tuviste un momento de paz, pero nunca serás libre del todo. No eres lo suficientemente fuerte para permanecer así. La enfermedad mental es hereditaria y esta es la carga que te corresponde en la vida. Esto no es demoníaco, Es genético, y tú no puedes cambiar eso.*

Esto puede sonar difícil de creer, pero por un instante, esa serie de pensamientos me dio una sensación de paz. *No es mi culpa,* pensé. *No soy culpable. Soy la víctima.* Por un momento, casi fui seducido a aceptarlo.

> Tras la mentalidad de víctima está Satanás Tentándonos a dejar de luchar por lo que Dios nos ha prometido.

Permítanme detenerme aquí y decirles que muchas personas han caído presas de este engaño en la batalla por el bienestar de sus mentes. Hay una paz y un alivio ilusorios que sobrevienen cuando creemos que somos las víctimas. Ser una víctima nos tiende una excusa legítima para la situación que enfrentamos. Como víctimas no somos responsables del problema, y tampoco de la solución. Tras la mentalidad de víctima está Satanás tentándonos a dejar de luchar por lo que Dios nos ha prometido.

A menudo me encuentro con personas que han asumido su acoso emocional y mental. Acuden a un especialista que les diagnostica alguna clase de trastorno emocional o mental particular. Una vez reciben la etiqueta de su diagnóstico, empiezan a referirse a ella como "su problema, su bipolaridad, su esquizofrenia". Se apropian de esa categoría y a partir de ese momento se convierte en su excusa.

Cuando he intentado animarlos diciéndoles que Dios quiere liberarlos y que no tienen que vivir el resto de su vida deprimidos o acosados mentalmente, se enfadan conmigo. La verdad es que, cuando se ven a sí mismos como víctimas, esta premisa los releva de la responsabilidad de presentar batalla por la paz de sus mentes.

La mentalidad de víctima de una persona se convierte en esto: *Dios me ha prometido una mente sana. Pero si un desorden mental o emocional se propaga por mi familia, y los miembros afectados todavía aman a Jesús, entonces puedo arreglármelas, convivir con este asunto y seguir siendo un cristiano que va al cielo.*

¡No! ¡Eso no es verdad! Es un artificio del diablo. Yo mismo lo experimenté. Por un breve instante, esa tarde de miércoles los pensamientos que me llevaban a disfrutar de la paz de Dios en mi mente, una mente sana, en reposo y llena de fe, dieron paso a un razonamiento según el cual el tormento mental me venía de familia. Me entretuve pensando que, como mi familia había sobrevivido, estaba bien para mí vivir lidiando con esos pensamientos. Acostumbrarme a ellos era aceptable.

De repente, me di cuenta de que esos pensamientos no provenían del interior, donde habita el Espíritu de Dios, sino de afuera, y que trataban de entrar. Este no era Dios dándome alivio o una respuesta a mi dilema. Este no era el Señor hablándome. Era Satanás, probando con una artimaña diferente.

La táctica de Satanás había cambiado.

Ya no me acusaba, y yo ya no estaba a la defensiva. Ahora culpaba a otros de mi debilidad: *La enfermedad mental viene de familia. No es demoníaca. Es genética, y es la carga que te corresponde llevar en esta vida.*

Bastó un momento muy corto para que descubriera de dónde provenían esos pensamientos y quién era su autor. Inmediatamente reprendí al diablo y sus tretas, y cuando lo hice, ocurrió lo extraordinario.

Sin previo aviso, sentí que iba hacia arriba, elevándome por encima de mi silla y luego por encima de mi escritorio. Ahora sé a qué se refería el apóstol Pablo cuando escribió sobre su visión en 2 de Corintios 12:2, diciendo, "Conozco a un hombre en Cristo que hace catorce años —no sé si en el cuerpo o fuera del cuerpo, Dios lo sabe—fue arrebatado al tercer cielo".

Ignoro si fui al cielo en mi cuerpo físico o si se trató de una experiencia fuera del cuerpo. Pero sí sé que me sentí ascendiendo. Como si estuviera flotando en el aire. Recuerdo que dije: "Oh, oh, oh!" mientras la gravedad dejaba de controlarme.

De inmediato estaba frente a Jesús. Era totalmente diferente a cuando Él me visitó en el estudio de mi casa. La habitación en la que nos encontrábamos carecía de dimensiones, y jamás había visto los brillantes colores que la rodeaban. No era la tradicional gama con diferentes tonos de una carta de colores; estos tenían vida en sí mismos; los describiría como vívidos y radiantes.

Noté que había movimiento en el cielo, atrás del lugar donde Jesús estaba de pie y a nuestro alrededor. No sé si eran ángeles o santos que ahora residían en el cielo. A veces miro hacia atrás y pienso en la oportunidad que tuve, deseando haber tenido un botón de "pausa" para mirar a mi alrededor, pero estaba completamente cautivado por Jesús. Su comportamiento en el cielo parecía diferente al que mostró en mi estudio privado. Era como si Jesús hubiese estado allí cumpliendo una tarea. Para hacer algo. En mi estudio Jesús únicamente hablaba de lo que yo estaba encontrando, pero en el cielo solo expresaba su amor por mí.

Aunque nunca antes había experimentado el cielo, tuve la increíble sensación de pertenecer a él. Parecía mi hogar. El sentimiento de aceptación y bienvenida contrastaba enormemente con todas las mentiras usadas por Satanás para bombardear mi mente: que Jesús no me amaba y que había cometido el pecado imperdonable.

Jesús tenía la misma apariencia que vi antes. Su túnica era del blanco más resplandeciente. Su pelo tenía la misma longitud, tocando sus hombros. Los ojos de Jesús, ¡oh, sus ojos!, eran los más hermosos que jamás había visto. Relucían como un hermoso cuerpo de agua que brilla cuando una suave brisa barre su superficie.

La misma atmósfera del cielo era amor. Como si el aire fuera líquido y yo respirara amor líquido. Sentí una energía y una vida que nunca antes había experimentado. Todo mi ser estaba vivo, y en esa vida, había paz, energía, descanso y contentamiento. Si hubiera podido permanecer en ese lugar y momento para siempre habría sido la persona más feliz nacida sobre la tierra. El tiempo y el espacio ya no existían, y no tenía ningún concepto de algo físico. La vida y la energía del cielo es el amor, y surge a través de tu ser. Al enfrentarse a la muerte de seres queridos que han sufrido una larga enfermedad, los familiares suelen decir: "No le traería de regreso aunque pudiera. Sé que ahora se encuentra en un lugar mejor". Puedo decirte por experiencia personal que es un lugar mucho mejor. El mejor

> La belleza del Cielo es sobrecogedora y sus habitantes no necesitan oxígeno. Viven y se mueven en un entorno de amor perfecto.

momento en la tierra no tiene punto de comparación con la vida continua en el cielo. Ahora comprendo por qué el apóstol Pablo dijo: "Estoy dividido entre dos deseos: quisiera partir y estar con Cristo, lo cual sería mucho mejor para mí. Pero por el bien de ustedes, es mejor que siga viviendo" (Filipenses 1:23-24, NTV). Pablo había sido arrebatado al cielo y experimentado la maravilla y esplendor de ese lugar fascinante.

El desafío que tenemos al explicar o contar a otros sobre el cielo es que no existe un referente en la tierra que permita trazar un paralelo. La belleza del cielo es sobrecogedora, y sus habitantes no necesitan oxígeno. Viven y se mueven en un entorno de amor perfecto.

Jesús extendió la mano y me dijo: "Te amo, hijo" y me abrazó. Cuando lo hizo, una sensación de pureza, paz sobrenatural, plenitud y gozo extático se apoderó de mí. Recuerdo haber gemido en voz alta de la impresión.

Jesús comenzó a alejarse, y de inmediato supe que aquello era algo temporal, momentáneo, y que no duraría mucho.

"No quiero irme", dije.

Jesús respondió: "¡Debes regresar!"

"Pero no quiero regresar," objeté.

"Eddie, debes regresar," insistió el Señor. "Por tu esposa, por tu pequeño, y por ellos...".

Jesús miró a su lado, y cuando seguí sus ojos, vi una gran habitación llena de lo que parecían ser catres militares. Aunque Jesús no lo expresó verbalmente, supe enseguida que esas camas plegables representaban a los creyentes que habían resultado heridos en la batalla de la fe. Esos catres se llenarían un día con hermanos cuyas mentes estaban siendo atormentadas debido al estrés y los ataques del enemigo.

Una vez más, Jesús dijo: "Eddie, debes volver por ellos!".

No sé cuánto tiempo estuve en el cielo, pero recuerdo que empecé a alejarme. No porque retrocediera; fue como si una fuerza me jalara hacia atrás. Jesús nunca apartó sus ojos de mí. Tampoco dejé de mirarlo. Finalmente, me había distanciado tanto que ya no alcanzaba a verlo. Me di cuenta entonces de que estaba detrás de mi escritorio, sentado en el suelo de mi oficina.

No hace falta decir que no hablé esa noche en la iglesia. De hecho, Amanda tuvo que ayudarme a caminar hasta el auto. Comprendió que había vivido algún tipo de encuentro como el que alguna vez tuve y simplemente me llevó a casa. Pasaron tres días más de llanto. Un manto de paz y amor me cubrió, como abrigo sobre mis hombros.

Dos semanas después, un amigo que era pastor local y yo disfrutamos de un almuerzo informal. Al terminar, me pidió que pasara por su oficina. Pensé que quería enseñarme algún proyecto de su iglesia en el que estaba trabajando, pero cuando entré a su despacho, me pidió que me sentara. Durante los siguientes cuarenta y cinco minutos el pastor, entre lágrimas, compartió conmigo la guerra que libraba a diario en su mente. Lo describió así: "Todo el infierno ha llegado a sitiar mi mente. Estoy teniendo pensamientos que nunca antes pasaron por mi cabeza, y no puedo sacarlos de ahí". Se me rompió el corazón al escucharlo, mientras intentaba organizar y articular las palabras que expresaban su suplicio y quebrantamiento. Me contó cosas que no había sido capaz de decir a su mujer y que de ninguna manera podía compartir con la congregación de su iglesia: pensamientos impuros, de condenación y autodestructivos.

Mientras lo escuchaba derramar su corazón, pude ver en retrospectiva la escena celestial de los catres del ejército. Supe la razón por la que debía volver a la tierra.

Hoy, muchos años después, Amanda y yo hemos tenido el privilegio de imponer las manos a cientos y cientos de personas que luchan por controlar los pensamientos de sus vidas. En cada conferencia y servicio donde comparto lo que el Señor me enseñó durante estas visitaciones, y lo que sigue mostrándome, docenas de personas hacen fila para orar. Cada vez que oro por esas personas que luchan con el tormento de sus mentes, me acuerdo de los catres del ejército y de los soldados en el campo de batalla que están heridos a causa del acoso mental.

Los pensamientos clandestinos y los ataques a la mente no hacen acepción de personas. Desde los ricos hasta los menos afortunados, sean famosos o desconocidos, desde los más brillantes hasta los menos instruidos, desde los jóvenes hasta los ancianos, todos, lidiamos a veces con la ansiedad, el miedo, y los pensamientos acosadores que intentan intimidarnos y derribarnos. Satanás no juega limpio. De hecho las guerras por los pensamientos no son batallas reservadas solo para adultos. Cada vez son más los niños que buscan la oración, y los padres que los traen a nuestros servicios, buscando paz y liberación del acoso y tormento mentales.

Los expertos nos dicen que una persona promedio procesa entre 50.000 y 60.000 pensamientos al día.[3] Como un día tiene 86.400 segundos, una persona promedio está procesando un pensamiento cada 1.3 segundos. También se nos ha dicho que el 90% de nuestros pensamientos tienden a ser repetitivos. En otras palabras, pensamos las mismas cosas una y otra vez. Es fácil ver cómo Satanás puede manipular a una persona para que realice acciones malsanas si esta alberga pensamientos de ansiedad, tormentosos, impíos y enfermizos el 90% del tiempo.

Satanás opera en el ámbito del pensamiento, pero Dios nos ha permitido mentes sanas. El Señor también nos ha dado armas espirituales para proteger nuestras mentes contra los planes atormentadores del diablo. En los próximos capítulos, quiero contarte cómo el Señor me enseñó a tomar control de mi mente y cómo puedes hacerlo también.

PREGUNTAS:

1. ¿Porqué la mentalidad de víctima es tan peligrosa como engañosa?

2. La misma atmósfera del cielo es el amor. Dios quiere que sepamos cuánto nos ama. ¿Qué pasaje de la escritura sobre el amor de Dios te comunica esta bendición? Toma un instante para recordar un encuentro con el Señor en oración, en el que te hayas sentido rebosante de su amor y paz.

ORACIÓN:

Padre Celestial, agradezco que, de acuerdo con tu palabra en Romanos 8:38-39 absolutamente nada podrá separarme de tu amor en Cristo Jesús. Ayúdame a establecer para siempre en mi mente que me amas con amor eterno. Y a resistir cualquier pensamiento o acusación que sugiera que estás en mi contra. Declaro que soy la justicia de Dios en Cristo Jesús, y que tengo la mente de Cristo. En el nombre de Jesús. Amén.

LA ANATOMÍA DE UNA FORTALEZA
Parte 1

“¿Cómo pasó esto?”, Me preguntó la bella mujer de treinta y siete años, esposa y madre de dos hijos, mientras se limpiaba las lágrimas de la cara. Ella y su esposo habían concertado una cita para venir a verme. Eran miembros de la familia de nuestra iglesia y participaban activamente en varias oportunidades de servicio que ofrecía el ministerio. Eran una hermosa familia, con dos hijos encantadores y brillantes. Él tenía un magnífico trabajo en la industria manufacturera y ella era educadora. Parecía que sus finanzas marchaban bien. Sus hijos estaban comprometidos con actividades extracurriculares y deportivas, así que, desde el exterior, parecían llevar una buena vida.

Pero esta visita no fue un momento de celebración. Él se sentó calladamente, mientras su esposa comenzaba a preguntar: “¿Cómo pasó esto, pastor?”.

“¿Cómo pasó qué cosa?”, inquirí.

De inmediato hundió la cabeza en sus manos y entre lágrimas dijo: “Le he sido infiel a mi marido.”

Comenzó a relatar todas las cosas buenas que había hecho y en las que había participado. “Amo a Jesús y le he servido desde que era una niña. Estoy casada con mi novio de la universidad y he sido bendecida con dos de los más maravillosos hijos que han nacido. Nunca antes hice este tipo de cosas. Entonces, ¿por qué hice esto?".

Hablamos del arrepentimiento y del perdón. Su marido se abrió y compartió sus sentimientos de traición, dolor y vergüenza. Oramos juntos y hablamos "largo y tendido". Conscientes de que este tipo de heridas no se curan fácilmente, agendamos una cita la semana siguiente para volver a reunirnos y ver cómo se encontraban.

Antes de marcharse, ella volvió a preguntar: "Pastor: cómo pasó esto? Amo a Jesús y a mi familia".

Sin perder tiempo intenté recapitular la historia. "Ustedes han estado ocupados, trabajando, viajando, y jugando. No fue algo intencional. No soy un hombre de apuestas, pero me atrevería a afirmar que se abrió una brecha entre usted y su marido, incluso entre usted y su relación con el Señor. Hasta que un día, probablemente después de un desacuerdo, un compañero de trabajo la felicitó, y se sintió bien al recibir un cumplido. Unos días más tarde, volvió a felicitarla. Esta vez, se entretuvo con el cumplido, y pensó en ello durante varios minutos, recordando que por mucho tiempo su marido no había hecho comentarios sobre su aspecto. Se sintió bien al ser halagada y considerada una mujer atractiva y deseable"

"Durante los días siguientes, usted reprodujo aquellos cumplidos en su mente y empezó a esperar un nuevo encuentro con él en la sala de descanso. Con el tiempo, los saludos pasajeros en ese lugar se convirtieron en conversaciones casuales, y estas, en conversaciones personales".

A continuación, compartí cómo pudo concretarse la idea de un encuentro fuera del trabajo para tomar un café o una copa. A primera vista parecía algo inocente, pero el plan para la traición estaba bien encaminado.

El Espíritu Santo traía un pensamiento de convicción acerca de lo que pasaba; entonces ella prometía al Señor que se detendría y no volvería a verlo fuera del trabajo. Pero una y otra vez, los persistentes pensamientos imaginando estar con él bombardearon su mente. Finalmente, dichas imágenes se convirtieron en una fortaleza que consumió su vida entera.

En este punto la pregunta de ella me interrumpió: "Pastor, ¿quién le dijo lo que pasó?".

"Nadie me contó nada," dije. "De hecho, no tenía idea de que estaba envuelta en esta situación hasta que entró a esta oficina y lo reveló. Pero sé cómo trabaja Satanás, y él no tiene tácticas nuevas." Mientras continuaba hablando, ella y su esposo se sentaron, incrédulos, oyendo como reproducía casi a la perfección el engañoso escenario. Esta esposa no se levantó una mañana y decidió dañar su matrimonio y ofender su testimonio de Cristo cometiendo adulterio. Es más, si alguien le hubiera pedido que hiciese algo así, ella le habría respondido que estaba loco. Ella no decidió de repente y a la ligera traicionar sus votos matrimoniales y traer vergüenza y reproche a su buen nombre.

Del mismo modo, las personas afectadas por el abuso de sustancias no deciden hacerse adictos a las drogas o al alcohol por capricho. Igual cosa ocurre a las personas con una fortaleza de mie-do, lujuria, o cualquier otro recurso usado por Satanás con tal de levan-tar esos muros en nuestro interior. No sucede automáticamente. No

> La edificación de una fortaleza en la vida de una persona lleva tiempo, y comienza con un pensamiento.

puede darse así. La edificación de una fortaleza en la vida de una persona lleva tiempo, y comienza con un pensamiento.

Entendiendo la naturaleza de una fortaleza

Examinemos el siguiente pasaje de la Escritura, en el que el apóstol Pablo nos da su visión de las fortalezas mentales.

> *Porque aunque andamos en la carne, no combatimos según la carne. Porque las armas de nuestra milicia no son carnales sino poderosas en Dios para la destrucción de fortalezas, derribar argumentos y toda altivez que se levanta contra el conocimiento de Dios, llevando todo pensamiento a la obediencia a Cristo* (2 de Corintios 10:3-5)

En primer lugar, debemos entender qué es una fortaleza. La palabra "fortaleza" en el versículo anterior es el término griego *ochuroma*, que significa "fortaleza o aquello que es firme."

Uno de mis autores favoritos, Rick Renner, escribió lo siguiente en su libro *Gemas brillantes del griego, volumen 1.*

> En los tiempos del Nuevo Testamento, la expresión *ochuroma* también llegó a ser la misma palabra griega utilizada para describir una prisión. Dado que las prisiones más seguras y vigiladas solían construirse en las profundidades de esas fortalezas, tiene sentido que la palabra que designa una fortaleza o baluarte sea la misma palabra griega que se utiliza para referirse a una

cárcel. Mientras que una fortaleza impide la entrada de los forasteros, una prisión impide su salida. Las prisiones son lugares de detención o tanques de almacenamiento [...] Están diseñadas para mantener a un prisionero en cautiverio.[4]

Rick continúa diciendo:

Las fortalezas a las que Pablo se refiere son mentiras que el diablo ha arraigado tan profundamente en tu mente y tu sistema de creencias que ahora ejercen poder sobre ciertas áreas de tu vida [...] Como resultado, la persona bajo asalto mental o emocional es mantenida cautiva, como prisionera de esas mentiras. Se sienta detrás de barrotes mentales y emocionales, viendo la vida a través de la ilusión esclavizante que Satanás ha puesto en su mente.[4]

Mientras que gran parte de las enseñanzas sobre este tema a lo largo de los años han enfatizado las "fortalezas en los cielos," el apóstol Pablo nos advirtió que el lugar o la prisión que representa un mayor peligro para la vida de una persona está en su mente y emociones. Una fortaleza es una compulsión, un hábito, un patrón continuo de pensamiento que mantiene a su víctima esclavizada o le prohíbe ser todo lo que Dios anhela que sea. Es una construcción amurallada, una ciudadela, una prisión de angustia mental.

Mi querido amigo ya fallecido Terry Law, explica que una fortaleza puede ser cualquier cosa empleada por Satanás en nuestras vidas con tal de privarnos de experimentar lo mejor de Dios. Puede ser una de las docenas de miedos o fobias conocidas por la humanidad.

Puede tratarse de una inseguridad que nos asusta, una tragedia pasada que nos persigue, o una lujuria incontrolable que nos impulsa. Puede ser el abuso de sustancias, la adicción sexual, o la codicia. También un trauma emocional causado por un incidente de la infancia o un sinfín de cosas más.

La meta de Satanás es levantar una formidable fortaleza en tu vida. Si él logra crear una fortaleza en tu mente o en tus emociones, puede encarcelarte. Pero así como las cárceles y fortalezas modernas deben ser edificadas con tiempo, los baluartes de Satanás en tu vida se levantan por un proceso similar. El diablo no tiene el poder o la autoridad de desarrollar una fortaleza a su antojo. No puede simplemente arrojar una fortaleza sobre ti cada vez que se le ocurre. Carece de esa potestad.

Entonces, ¿cómo lo hace?

El diablo no es un ser creativo, solo es un ladrón y un atracador. En consecuencia, toda buena idea y táctica efectiva que componen su arsenal, se las robó a Dios. En otras palabras, Satanás simplemente ha robado el programa del reino de Dios y lo usa para establecer su reino de oscuridad en la vida de las personas. Por lo tanto, cuanto más entendamos cómo opera el reino de Dios, más sabios seremos respecto a las artimañas engañosas del enemigo en contra nuestra.

El proceso del reino de Dios

En el evangelio de Marcos, Jesús detalló cómo se establece el reino de Dios en nuestras vidas. Lo primero que explicó es que el reino se implanta o desarrolla mediante un proceso. Lamentablemente, *proceso* no es una palabra muy querida en el contexto de la iglesia. Las historias bíblicas que más recordamos y volvemos nuestras predilectas, son aquellas que describen los acontecimientos repentinos de Dios. Por ejemplo, la era de la iglesia moderna comenzó después de una manifestación súbita de Dios.

> *Cuando llegó el día de Pentecostés, estaban todos unánimes en un mismo lugar. Y de repente vino un estruendo del cielo, como de un viento impetuoso que soplaba, el cual llenó toda la casa donde estaban sentados* (Hechos 2:1-2).

El Espíritu Santo llenó de repente a los creyentes que esperaban la promesa de Dios. Nos encanta cuando Dios hace una obra súbita, pero para sorpresa de muchos cristianos, *no es así* como se establece el reino de Dios en nuestra vida diaria. No ocurre de repente; se desarrolla por medio de un esfuerzo constante.

He aquí otra famosa obra repentina de Dios:

> *Entonces Saulo, respirando aún amenazas de muerte contra los discípulos del Señor, acudió al sumo sacerdote y le pidió cartas para las sinagogas de Damasco, a fin de que, si encontraba a algún seguidor del Camino, ya fuera hombre o mujer, lo llevara preso a Jerusalén. Mientras viajaba, se acercó a Damasco y, de repente, una luz resplandeció desde el cielo rodeándolo. Entonces cayó al suelo y oyó una voz que le decía: "Saulo, Saulo, ¿por qué me persigues?"* (Hechos 9:1-4).

Nada es más estremecedor que ver al Espíritu Santo haciendo una obra repentina en la vida de una persona. Una sanidad inmediata, una revelación súbita, una liberación instantánea es la cosa más emocionante que se puede presenciar en el mundo entero, pero, de nuevo, el reino de Dios no se establece de esa forma en nuestras vidas.

Si bien la experiencia de nacer de nuevo es una obra repentina, el avance del reino de Dios en nuestras vidas requiere de nuestro tiempo y compromiso. No es inmediato, sino progresivo.

> El avance del reino de Dios en nuestras vidas requiere de nuestro tiempo y compromiso. No es inmediato, sino progresivo.

De hecho, he visto perder la fe a numerosos amigos temerosos de Dios porque la respuesta a una oración, una sanidad, o una liberación no se llevó a cabo de inmediato. Al no llegar tan rápidamente lo que esperaban, estas queridas personas se sumieron en la duda, la incredulidad o la decepción, y cuestionaron a Dios.

El escritor de Hebreos nos recuerda un paso de vital importancia para recibir algo de Dios:

> *Por lo tanto, no pierdan su confianza, que tiene una gran recompensa. Ustedes necesitan perseverar para que, después de haber hecho la voluntad de Dios, obtengan la promesa* (Hebreos 10:35-36).

Se nos recuerda que después de haber hecho la voluntad de Dios, después de haber orado eficazmente, y de haber sido obedientes, debemos caminar con perseverancia y paciencia. La respuesta vendrá, pero puede que no llegue de repente. Si llega de inmediato, ¡maravilloso!, pero es la excepción, no la regla.

Otro versículo por esta misma línea se encuentra en Hebreos:

...no se vuelven perezosos, sino imiten a los que por la fe y la paciencia heredan las promesas (Hebreos 6:12).

Disfrutamos hablar de la fe, oír y leer acerca de ella, pero la fe tiene una compañera de la que rara vez oímos o queremos hablar: la paciencia. La combinación de fe y paciencia crea el ambiente para que las promesas de Dios se realicen y el reino de Dios gane terreno en nuestras vidas.

> La combinación de fe y paciencia crea el ambiente para que las promesas de Dios se realicen y el reino de Dios gane terreno en nuestras vidas.

"Primero la hoja, luego la espiga..."

Presta atención a los principios que Jesús revela acerca de cómo el reino de Dios crece en nuestras vidas. Me gusta mucho la forma como está escrito este pasaje en la Version King James:

> *Y dijo: así es el reino de Dios, como si un hombre echara la semilla en la tierra, y se fuera a dormir, y se levantara de noche y de día, y la semilla brotara y creciera, sin que él sepa cómo. Porque la tierra da fruto de sí misma; primero la hoja, luego la espiga, después el grano entero en la espiga. Pero cuando el fruto sale enseguida se mete la hoz, porque la cosecha ha llegado* (Marcos 4:26-29, KJV).

El reino de Dios no se extiende en nuestras vidas por un suceso repentino de Dios. Jesús no dijo que plantamos la semilla en nuestros corazones y, de inmediato, disfrutamos de todos los beneficios del reino.

No, Jesús dijo claramente que plantamos la palabra en nuestros corazones y entonces el proceso recién comienza. *Con el tiempo* la semilla empieza a crecer, y el fruto *eventualmente* aparece al ser nutrido. No hay nada repentino en este asunto.

Como compartí anteriormente, en los primeros días de nuestra pequeña iglesia en Algood, los recursos eran escasos. Aprendimos a orar el conocido pasaje del famoso Padre Nuestro que dice: "Danos hoy nuestro pan de cada día," porque no vivíamos de semana en semana; sino de día en día.

Así que, en lugar de pasar hambre, decidimos probar con la jardinería. Le pedí a un vecino que trajera su roto cultivador a mi casa e hiciera un pequeño huerto de unos 10 x 10 metros. Luego Amanda y yo fuimos a la cultivadora local y le pedimos al gerente que nos aconsejara qué plantar. Nos sugirió judías verdes, tomates, un puñado de patatas, calabazas, y quimbombó, todo lo cual compramos.

Pasamos un viernes entero trabajando en nuestro pequeño jardín. Plantamos todas las semillas que teníamos y cada uno de los tomates. Regamos cada planta y agregamos algunos nutrientes a cada punto donde había siembra. Sobre nuestras manos y rodillas nos arrastramos por el jardín asegurándonos de que no hubiera malas hierbas o tierra dura que impidiera que nuestras semillas brotaran. Una vez acabamos nos tomamos de las manos y le pedimos al Señor que bendijera nuestro jardín. Extendimos nuestras manos hacia la huerta y declaramos que estaba bendecida y que produciría fruto. Sucios y cansados, Amanda y yo entramos de la mano en nuestra pequeña casa, con una agradable sensación de satisfacción y altas expectativas.

A la mañana siguiente, desperté con un sol radiante que penetraba por mi ventana. Cuando me levanté de la cama y pasé frente a la ventana del dormitorio, algo llamó mi atención. ¡Volví a mirar! ¡Había algo en nuestro jardín! Me acerqué más a la ventana pero no podía creer lo que veía. En el pequeño jardín que acabábamos de plantar, observé lo que parecía una sandía madura, un par de melones, varios pepinos esparcidos, y algo similar a la cabeza de una col. Me froté los ojos y volví a mirar. Efectivamente, esas frutas y verduras estaban en mi jardín.

Emocionado, le grité a Amanda para que se levantara y lo viera por sí misma. Ella saltó de la cama pensando que algo andaba mal y se dirigió a la ventana. "¡Mira lo que hay en nuestro jardín!", le dije. Mientras ella observaba y se reía, yo ya había corrido hacia la puerta trasera para salir y dar un vistazo en "primera fila". Al tiempo que bajaba al trote, toda clase de pensamientos se atropellaban en mi mente. *¡Dios ha hecho un milagro! ¡Nuestra oración de fe ha funcionado! ¡Esta va a ser una historia extraordinaria.* Pero cuando más cerca me encontraba de nuestro jardín noté algo parecido a huellas de zapatillas y zapatos en la tierra, alrededor del jardín.

En ese momento, Amanda me alcanzó riendo. Entonces caí en cuenta de que algunos de nuestros amigos que se enteraron de lo que estábamos haciendo vinieron durante la noche y pusieron esas cosas en nuestro jardín. ¡La broma era para nosotros!

Después de reírme por algunos minutos, reparé en lo tonto que debía verme corriendo con tanta excitación. Cualquiera que tenga algo de cerebro sabe que no se planta quimbombó y se obtiene una cosecha de pepinos. No se plantan tomates para cosechar patatas.

Y definitivamente no plantas calabazas para recoger col. Eso sin contar lo que cualquier jardinero sabe: que no se siembra el viernes para cosechar el sábado. Se necesita tiempo para que la semilla produzca los resultados deseados.

De la misma forma, los beneficios del reino de Dios se abren paso en nuestras vidas mediante el *proceso del reino*—primero la hoja , luego la espiga, y luego el maíz completo en la espiga. La fruta, la cosecha y los resultados no se obtienen de la noche a la mañana.

A lo largo de los años, he sido culpable de desenterrar mi semilla de fe porque me cansé durante el proceso. Yo plantaba la promesa de Dios en mi corazón, pero después de unos días de espera y sin ver resultados, dejaba de sembrar mi semilla o simplemente me olvidaba de ella y dejaba que la maleza la invadiera. Pero estoy muy agradecido por la palabra de Dios que nos dice exactamente cómo plantar una buena semilla en buena tierra y mantenerla creciendo hasta obtener una cosecha abundante.

La semilla poderosa y el suelo que necesita

El proceso del reino es una verdad tan valiosa que Jesús se refirió a ella a lo largo de todo el capítulo cuatro de Marcos, donde se encuentra su enseñanza sobre el proceso, la tierra y la semilla.

> ¡Escuchen! He aquí, que un sembrador salió a sembrar. Y sucedió que, mientras sembraba, una parte de la semilla cayó junto al camino; y vinieron las aves del cielo y la devoraron.
>
> Y estos son los que están junto al camino donde se siembre la palabra. Cuando oyen, Satanás

viene inmediatamente y les quita la palabra que fue sembrada en sus corazones (Marcos 4:3-4, 15).

La semilla es la palabra de Dios, y Satanás robó la semilla que había en la persona presentada por estos versículos, antes que el proceso del reino tuviera la oportunidad de comenzar. Obviamente, si la semilla nunca se planta, nunca habrá una cosecha.

Por ejemplo, ¿alguna vez has asistido a un servicio de la iglesia un domingo por la mañana en el que disfrutaste de la adoración y te conmovió el sermón del pastor, pero más tarde, ese mismo día, cuando alguien te preguntó sobre qué había predicado el ministro, no pudiste recordarlo? Satanás odia la semilla de la palabra de Dios, así que lo último que quiere es que permitas que esa semilla se plante en tu corazón y comience a crecer. ¿Has notado que no hay un día en que te despiertes más que cansado que el domingo por la mañana? Y si buscas una disputa familiar, la encuentras fácilmente en la mañana dominical, antes de ir a la iglesia. ¿Por qué? Satanás no quiere que recibas la semilla de la palaba de Dios.

De hecho, naciones enteras, gobiernos y regímenes bajo influencia demoníaca prohíben la distribución de la Biblia, o que los cristianos se reúnan para adorar. Invierten millones de dólares penalizando y persiguiendo a las personas que poseen una Biblia o manifiestan creer en ella. ¿Por qué una nación con millones de personas y miles de millones de dólares se asusta por un libro? ¿Qué tiene de particular este "librito" que hace que los gobiernos usen su poderío militar para buscar y destruir a cualquiera que posea una Biblia?

Tu Biblia es un arma más poderosa que la que pueda poseer nación alguna. Es una semilla preciosa y eterna en tus manos. Primera de Pedro 1:23 dice: "Habiendo nacido de nuevo, no de simiente corruptible sino incorruptible, por medio de la palabra de Dios, que vive y permanece para siempre". Esta semilla incorruptible no se parece a ninguna otra, porque cuando es plantada, produce una cosecha que cambia generaciones por una eternidad.

¡Satanás odia tu Biblia! No puede soportar esa preciosa semilla porque no tiene absolutamente ningún poder contra ella. Trabaja horas extra para contrarrestar esta arma de Dios impidiendo que tengas la semilla plantada en tu corazón, y sembrando obstáculos para evitar que sepas cómo usar tu arma.

Suelo pedregoso

> *Una parte cayó en terreno pedregoso, donde no tenía mucha tierra; y enseguida brotó porque no tenía profundidad de tierra. Pero cuando salió el sol se quemó, y como no tenía raíz, se secó (Marcos 4:5-6).*

> *Estos también son los sembrados en pedregales, quienes, cuando oyen la palabra, inmediatamente la reciben con alegría; y por no tener raíz en sí mismos, duran solo un tiempo. Después, cuando surgen tribulaciones o persecuciones por causa de la palabra, instantáneamente tropiezan (Marcos 4:16-17).*

En esta persona, la semilla es plantada, pero Satanás trae problemas para impedir que el proceso del reino de Dios se complete, y la persona nunca llegue a disfrutar de sus beneficios. Muy a menudo, encontramos una verdad de la palabra de Dios, un principio de fe o una promesa de las Escrituras que es la respuesta a nuestra situación actual, y comenzamos a apoyarnos en esa premisa divina.

Pero tan pronto lo hacemos, pareciera que todas las dificultades imaginables se vuelven en contra nuestra. En repetidas oportunidades se me han acercado buenos cristianos a relatarme lo mismo.

Así que no te sorprendas cuando los problemas, las decepciones y retrasos surjan justo después de que escuchaste una verdad que te ayuda, obrando en consecuencia. Satanás está tratando de robar la semilla, o de distraerte de guardar la semilla que Dios ha puesto en tu corazón. ¿Por qué? El diablo entiende que debe detener el proceso del reino, o de lo contrario la semilla producirá fruto en tu vida.

Terreno espinoso

Y una parte de la semilla cayó entre espinos, y los espinos crecieron y la ahogaron, y no dio fruto (Marcos 4:7).

Pues bien, estos son los sembrados entre espinos; los que escuchan la palabra, y los afanes de este mundo, el engaño de las riquezas, y los deseos de otras cosas que entran ahogan la palabra, y se vuelve infructuosa (Marcos 4:18-19).

Esta persona permite que los espinos crezcan con la preciosa semilla y, durante el proceso, la corrompan. Jesús identificó los espinos como las preocupaciones de este mundo, el engaño de la riquezas, y el deseo de las cosas. Estas personas son las que han permitido que otros asuntos de la vida compitan por el control de sus corazones.

Ahora ten presente algo; estas son personas maravillosas que aman a Dios. Están sembrando la palabra de

Dios en sus corazones, pero la Palabra no tiene prioridad sobre otras cuestiones que compiten por su tiempo y atención. Dichas cosas eventualmente consumen la tierra y arrasan la palabra de Dios. Estas mismas personas a menudo dirán: "Probé eso de la fe, pero no me funcionó." Lo que sucede, sin embargo, es que en muchas ocasiones no recibimos de Dios o no disfrutamos del cumplimiento de sus promesas porque otras cosas en nuestras vidas han reclamado el primer lugar.

Prestando toda atención a la Palabra

Otra forma de entender esta verdad es darse cuenta de que la misma semilla de Dios está bajo ataque. Si Satanás no puede evitar que la semilla sea plantada en nuestro corazón, soltará sobre nosotros una avalancha de problemas, dificultades, o distracciones, de modo que nos enfoquemos en esas cosas, *cualquier cosa*, menos las promesas de la palabra de Dios.

Pablo advirtió al joven Timoteo sobre esta tentación:

> *En tanto que llego, dedícate a la lectura pública de la Escrituras, y a enseñar y animar a los hermanos. Ejercita el don que recibiste mediante profecía cuando los ancianos te impusieron las manos. Sé diligente en estos asuntos; entrégate de lleno a ellos, de modo que todos puedan ver que estás progresando. Ten cuidado de tu conducta y de tu enseñanza. Persevera en todo ello, porque así te salvarás a ti mismo y a los que te escuchen*(1ª de Timoteo 4:13-16, NIV).

Pablo instruyó a Timoteo para que se dedicara a mantener la enseñanza y a convertirse en un ejemplo de lo que había experimentado y presenciado. Lo exhortó a ser inteligente y prestar toda su atención a la palabra de Dios.

El rey Salomón, un hombre dotado con sabiduría sobrenatural, hizo la misma advertencia en el Antiguo Testamento:

> *Hijo mío, presta atención a mis palabras; inclina tu oído a mis dichos. No dejes que se aparten de tus ojos; guárdalas en medio de tu corazón; porque son vida para quien las encuentra, y salud para toda su carne* (Proverbios 4:20-22).

Aunque escritos con cientos de años de diferencia, estos mensajes convergen en uno solo: la palabra de Dios debe ocupar el primer lugar en tu vida.

Me encanta cómo la Biblia Viviente traduce esta porción:

> *Escucha, hijo mío, lo que te digo. Escucha cuidadosamente. Ten siempre presentes estos pensamientos; deja que penetren en lo más profundo de tu corazón, porque significarán para ti vida real y salud esplendorosa* (Proverbios 4:20-22, TLB).

Una vez más, encontramos la advertencia sobre mantener nuestros pensamientos llenos de la palabra de Dios. Insisto, este no es un verso del Nuevo Testamento, ya que fue escrito miles de años atrás. Dios siempre ha enfatizado la necesidad de mantener nuestras mentes bien enfocadas. Esta porción también nos proporciona una visión asombrosa del camino que tanto la verdad como el engaño deben recorrer antes de formar parte de nuestras creencias.

Concentrémonos en la frase: "Ten siempre presentes estos pensamientos". No significa que debas llevar una Biblia abierta a todas partes. El punto es recordar la palabra de Dios, comprometerte a memorizarla, y guardarla en primera plana de tu mente.

Una buena cosecha

Pero otra semilla cayó en buena tierra y dio una cosecha que brotó, creció y produjo: unas, treinta veces, otras sesenta, y otras cien.

Pero estos son los sembrados en buena tierra, los que oyen la palabra, la aceptan, y dan fruto: unos, treinta veces, otros sesenta, y otros cien (Marcos 4:8, 20).

Esta persona planta la palabra de Dios en su vida, y con el tiempo, la semilla crece y produce una cosecha. Pero es importante recordar que esta persona persistió a través de las dificultades y distracciones que los otros tres oyentes no lograron sortear con éxito. Esta persona guardó la semilla, comprendió que la dificultad era un intento de robarla, y la convirtió en la prioridad de su vida. Al final, la palabra de Dios produjo una cosecha de fruto y beneficios en la vida de esta persona.

> Los beneficios del reino de Dios están disponibles para todos pero recibirlos está determinado por la forma en que defendamos el proceso de crecimiento de la semilla, aprendiendo a navegar por él.

El sujeto del ejemplo ganó la batalla desde los mismos pensamientos de su vida y mantuvo su enfoque principal en la palabra de Dios. Satanás probó todos los trucos de su arsenal para intentar robar la semilla, pero esta persona no mordió el anzuelo ni le permitió ganar al ladrón. Jesús enseñó que los beneficios del reino de Dios están disponibles para todos, pero recibirlos está determinado por la forma en que defendemos el proceso de crecimiento de la semilla, aprendiendo a navegar por él.

PREGUNTAS:

1. ¿Qué es una fortaleza? Da algunos ejemplos de fortalezas que hayan tratado de atacarte a ti o a un ser querido.

2. ¿Puede el diablo "arrojarte" una fortaleza a su antojo? ¿Por qué o por qué no?

3. ¿Cómo se desarrollan las fortalezas?

ORACIÓN:

Padre Celestial, agradezco que, de acuerdo con tu palabra en 2 Corintios 10:4, nos has provisto armas espirituales lo suficientemente fuertes para derribar las fortalezas de Satanás. Ayúdame a conservar mi casco de salvación bien puesto diariamente, recordando mi justicia y autoridad en Cristo. Ayúdame a llevar cautivo todo pensamiento canalla y a ganar la batalla por mi mente. En el nombre de Jesús, amén.

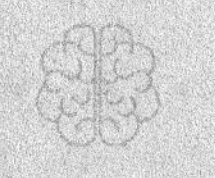

LA ANATOMÍA DE UNA FORTALEZA

Parte 2

Aunque Satanás no puede salir con algo original, es un maestro de la perversión. Cualquier cosa efectiva que él haga fue robada a Dios y trastocada del bien al mal. Por lo tanto,   así como el reino de Dios obra por medio de un proceso, el reino de las tinieblas intenta hacer lo mismo. Satanás simplemente robó el proceso de crecimiento de la semilla y lo utiliza para establecer sus fortalezas en nuestras vidas.

Eso es lo que me pasó a mí. Durante la temporada de opresiones y esclavitud que experimenté, pregunté al Señor reiteradamente cómo resulté atado por el miedo.

¿Cómo llegué al punto de no salir de mi casa durante días por causa del miedo y la paranoia?

Recuerdo haberle dicho al Señor que siempre había sido un buen chico. Crecí en la iglesia, y mi abuelo era el pastor de nuestra congregación. No hice las mismas cosas pecaminosas que algunos de mis compañeros en la escuela secundaria. Desde niño supe que quería dedicarme al ministerio. No parecía justo que este acoso y tormento hubieran invadido mi vida. ¿Dónde había abierto la puerta? ¿Qué había hecho para cosechar este tipo de hostigamiento?

Fue durante esos momentos más oscuros, cuando mi mente no se apagaba y los pensamientos atormentadores me paralizaban, que el Señor comenzó a mostrarme desde su palabra cómo las fortalezas se establecieron en nuestras vidas.

El apostol Pablo nos reveló que aunque caminamos en la carne, nuestra batalla no es carnal. Como cristianos, estamos involucrados en una guerra espiritual y, por lo tanto, debemos entender que nos oponemos a un enemigo espiritual.

> *Porque aunque andamos en la carne, no combatimos según la carne. Porque las armas de nuestra guerra no son carnales, sino poderosas en Dios para la destrucción de fortalezas, derribando argumentos y toda altivez que se levanta contra el conocimiento de Dios, y llevando cautivo todo pensamiento a la obediencia a Cristo (2 Corintios 10:3-5).*

Observa también cómo Pablo identificó a nuestro enemigo espiritual cuando escribió a la iglesia en Éfeso.

> *Por lo demás, hermanos míos, fortaleceos en el Señor y en el poder de su fuerza. Vestíos de toda la armadura de Dios, para que podáis estar firmes contra las asechanzas del diablo. Porque no tenemos lucha contra carne y sangre, sino contra principados, contra potestades, contra los gobernadores de las tinieblas de este siglo, contra huestes espirituales de maldad en las regiones celestes (Efesios 6:10-12).*

Pablo dejó claro en ambos pasajes que enfrentamos una lucha contra fuezas malignas invisibles. La meta de estas fuerzas de las tinieblas es obstaculizar y prohibir que los planes y propósitos de Dios se cumplan en nuestras vidas. Una de las formas en que logran su objetivo es desarrollando fortalezas en nuestras mentes y emociones. Pero estas fuerzas malignas no tienen el poder de imponerse indiscriminadamente mediante una fortaleza en el momento que elijan. Resultan impotentes antes nosotros cuando nos ponemos nuestra armadura espiritual y tenemos un conocimiento práctico de la palabra de Dios.

Acechando la puerta

Una interesante verdad se encuentra en el Génesis, libro del Antiguo Testamento que revela cómo Satanás está siempre al acecho y esperando que se abra una rendija en nuestras vidas.

> Las fuerzas malignas no tienen el poder de imponerse indiscriminadamente mediante una fortaleza en el momento que elijan.

Conoció Adán a Eva, su mujer, y ella concibió y dio a luz a Caín, y dijo: "He adquirido un hombre del Señor. Luego dio a luz de nuevo, esta vez a su hermano Abel. Ahora bien, Abel era un pastor de ovejas, pero Caín era un labrador de la tierra. Y con el tiempo sucedió que Caín trajo una ofrenda al Señor del fruto de la tierra. Abel también trajo de sus primogénitos y de su grosura. Y el Señor apreció a Abel y su ofrenda, pero no a Caín y lo que ofreció. Y Caín se enojó mucho, y su semblante decayó. Entonces el Señor dijo a Caín, "¿Por qué te enojas? ¿Y por qué ha decaído tu semblante? Si haces bien, ¿no serás enaltecido? Y si no haces bien, el pecado está a la puerta. Al acecho y ansioso por controlarte, pero tú debes dominarlo y ser su amo" (Genesis 4:1-7).

Caín y Abel, los dos primeros hijos de Adán y Eva, presentaron sus ofrendas al Señor. Él aceptó la de Abel, pero no la de Caín. El versículo 6 nos dice que Caín "*se enojó mucho, y su semblante decayó*"; en otras palabras, parecía deprimido y abatido.

Notemos cómo le respondió el Señor a Caín: "Si haces bien, serás enaltecido, pero si no, *el pecado está a la puerta*" (verso 7).

Es interesante que el pecado no tenga la autoridad o la capacidad de golpear a tu puerta y derribarla. El pecado y la influencia pecaminosa permanecen al acecho y esperando detrás de tu puerta. Tú eres quien abre la puerta a la influencia pecaminosa, ya sea por negligencia, tentación, o ignorancia.

¿Cómo abrió Caín la puerta? Sabemos que la ira y celos de Caín terminaron por apoderarse de él, y que mató a su hermano Abel. Pero la gente no se levanta una mañana y mata a los miembros de su familia simplemente porque se sentía decepcionada. Algo tuvo que suceder en la mente y el corazón de Caín para impulsarlo al punto de matar a su propio hermano.

Jesús nos dijo cómo se abre la puerta al pecado:

> *... ¿Aún no entiendes que todo lo que entra en la boca va al estómago y se elimina? Pero lo que sale de la boca, del corazón sale, y contamina al hombre. Porque del corazón salen los malos pensamientos, los asesinatos, los adulterios, las fornicaciones, los robos, los falsos testimonios, las blasfemias. Estas son las cosas que contaminan al hombre, pero comer sin lavarse las manos no contamina al hombre* (Mateo 15:17-20).

Jesús enseñó que comer y cenar sin lavarnos las manos no nos contamina espiritualmente. Por supuesto, comer alimentos poco saludables no es bueno para nosotros, naturalmente, y comer sin lavarse las manos resulta antihigiénico. Pero ninguna de estas cosas afecta nuestra salud espiritual. Jesús continúa diciendo que las palabras que salen de nuestra boca son el fruto de lo que hay en nuestro corazón.

En el verso 19, Jesús reveló una de las verdades más esclarecedoras de las Escrituras. Dijo que las cosas que contaminan a un hombre son las que salen del corazón, y enumeró algunas de ellas: "Porque del corazón salen los malos pensamientos, los homicidios, los adulterios, las fornicaciones, los robos, los falsos testimonios, las blasfemias". ¿Notaste que lo primero que Jesús mencionó que proviene de un hombre contaminado son los *malos pensamientos*? Nombró varios pecados con los que estamos familiarizados, pero los malos pensamientos encabezan la lista.

De hecho, el asesinato comienza con un pensamiento. Los robos comienzan con un pensamiento. El adulterio comienza con un pensamiento. Esa es la razón por la que pude relatar a la joven pareja lo que causó la traición de sus votos matrimoniales, porque todo comienza con un pensamiento.

Míralo de esta manera: Nunca hay que temer ser infieles a nuestro cónyuge si nunca consentimos pensamientos de infidelidad. El asesinato, la fornicación, el robo, la mentira, o cualquier otra cosa con la que Satanás nos tiente nunca ganará un punto de apoyo en nuestras vidas si no le damos espacio para vagar sin control por nuestras mentes.

Crecí escuchando una frase similar a esta: "No importa lo que pienses, si no actúas en consecuencia". ¡Pero sí importa! Y mucho, porque nuestros pensamientos conducen a acciones. En realidad, todos los pecados intencionales comienzan con un solo pensamiento. Si detenemos el pensamiento, impedimos la acción.

> Todos los pecados intencionales comienzan con un solo pensamiento. Si detenemos el pensamiento, impedimos la acción.

Mi pregunta original era: "¿Cómo abrió Caín la puerta al pecado y finalmente al asesinato?". La respuesta es que Caín se enojó por lo que dijo Dios, y Satanás le sugirió el pensamiento homicida. Caín consintió ese pensamiento, se entretuvo con él, y la puerta se abrió. En ese momento comenzó el proceso del reino de las tinieblas.

Jesús dijo que antes de que una persona cometa un asesinato, los pensamientos asesinos primero deben ser acogidos y albergados. Recuerda, Satanás opera en la arena del pensamiento. Él permanece agazapado tras la puerta de tu vida, a la caza de la oportunidad para sugerir un pensamiento que te aleje del plan y propósito de Dios. Si dejas espacio para que los pensamientos malvados, de temor, venganza o lujuria vaguen por tu mente, habrás abierto la puerta al pecado.

Esta es la razón por la que Pablo dijo a los Corintios: "... llevando cautivo todo pensamiento a la obediencia a Cristo" (2 Corintios 10:5). Mantenemos cerrada la puerta al pecado en nuestras vidas mientras llevamos cautivos nuestros pensamientos.

Entonces, ¿por qué experimenté un tormento infernal en mi mente y viví prisionero del miedo en mi casa durante un año? Mi falta de conocimiento de la palabra de Dios permitió que un pensamiento clandestino entrara en mi mente, y el proceso de oscuridad comenzó.

Durante años había permitido pensamientos lujuriosos, temerosos y negativos en mi mente. Incluso como pastor, me habían enseñado lo que tenía que vestir, dónde ir y dónde no, el largo correcto para mi corte de pelo, y todas las cosas que, erradamente, pensábamos que hacían santa a una persona, pero no recuerdo que alguien me enseñara alguna vez lo que tenía que pensar.

¿Tanta importancia tiene esto? ¡Sin lugar a duda! Dios nos dice: "Porque como piensa en su corazón, así es él" (Proverbios 23:7a).

Todos mis problemas empezaron con un solo pensamiento: "*Debes estar poseído por el demonio*". Si hubiera detenido ese pensamiento en seco, habría desbaratado y evadido años de dolor y tormento.

El proceso del reino de tinieblas

Es algo maravilloso ser liberado de la esclavitud y de las fortalezas/prisiones de tormento y adicción, pero es aún mejor no resultar apresado nunca por una fortaleza. Por eso Dios nos muestra cómo trabaja el diablo, a fin de que podamos resistirlo y vencerlo. Pablo dijo: "Para que Satanás no se aproveche de nosotros. Pues ya conocemos sus maquinaciones malignas" (2 Corintios 2:11, NTV).

En el capítulo anterior, discutimos el proceso del reino de Dios detallado en Marcos 4, que es primero la hoja, luego la espiga, y finalmente el grano completo en la espiga. Veamos ahora cómo Satanás pervierte el proceso cuyo orden, según 2 de Corintios 10 es: primero el pensamiento, luego la imaginación y finalmente la fortaleza.

Ha estado ahí todo el tiempo, ante nuestros ojos. Hemos reprendido, atado, expulsado y desechado al diablo. Hemos tratado al diablo como una fuerza todopoderosa que demanda toda nuestra energía para vencer cada día de nuestras vidas. Muchos predicadores y maestros pasan más tiempo hablando del diablo que de Dios o de su palabra. ¡Escuchen amigos! Satanás es un enemigo derrotado, y su única arma viable contra nosotros es el engaño.

> Satanás es un enemigo derrotado, y su única arma viable contra nosotros es el engaño.

Jesús nos dio la respuesta ganadora al arma de Satanás: "...Si permanecen en mis palabras serán verdaderamente mis discípulos. Y conocerán la verdad, y la verdad los hará libres" (Juan 8:31-32).

La Iglesia llena del Espíritu se ha enorgullecido del poder para derribar fortalezas, lo cual es maravilloso. Pero al mismo tiempo, inconscientemente, hemos transmitido la impresión de que el enemigo tiene el mismo poder. ¡Por cierto, no es así! Sus esfuerzos para establecer adicciones, caos, y pecados vergonzosos en nuestras vidas pueden ser derrotados fácilmente cuando aprendemos la simple verdad sobre el mantenimiento de una vida de pensamientos piadosos.

Veamos de nuevo esta escritura tan importante sobre las batallas mentales, que el Espíritu Santo declaró por medio del apóstol Pablo:

> *Porque aunque andamos en la carne, no combatimos según la carne. Porque las armas de nuestra guerra no son carnales sino poderosas en Dios para destruir*

> *fortalezas, derribar argumentos y toda altivez que se levanta contra el conocimiento de*

> *Dios, llevando cautivo todo pensamiento a la obediencia a Cristo (2 Corintios 10:3-5).*

Nota lo que dice el versículo cuatro: nuestras armas son para derribar fortalezas. En otras palabras, la fortaleza ya ha sido creada e instalada, por lo que el arma espiritual es necesaria para derribarla y demolerla. También hemos aprendido que la fortaleza no se estableció de la noche a la mañana o sin nuestro permiso o participación. Se requiere de un proceso previo para que se establezca una fortaleza en nuestras vidas, los versículos 3 y 4 nos dicen que lo primero es el pensamiento, luego la imaginación, y finalmente la fortaleza.

El pensamiento es lo primero

Como ya lo he compartido, he escuchado a personas sin ninguna pretensión que afirman que no importa lo que pienses mientras actúes en consecuencia. Pero hemos aprendido que los pensamientos que acogemos se convierten en las acciones y comportamientos que demostramos. Simple y llanamente nuestros pensamientos determinan nuestras acciones. Es la razón por la que resulta tan importante disciplinarlos y vigilarlos.

Hace años escuché esta afirmación, que ha permanecido conmigo: "Los pensamientos son los planos de las acciones". Las cosas en las que piensas continuamente hoy se convertirán en tus palabras, acciones y actitudes de mañana. Lo que piensas es importante , y la Biblia tiene algo que decir al respecto.

> *Por lo demás, hermanos, todo lo que es verdadero, todo lo honesto, todo lo justo, todo lo puro, todo lo amable, todo lo que es de buen nombre; si hay virtud alguna, si hay alguna alabanza, piensen en estas cosas (Filipenses 4:8, KJV).*

En este versículo, Pablo fue específico en cuanto a qué pensar y qué tipo de pensamientos debes permitir en tu mente. ¿Por qué? Porque tus pensamientos cotidianos son la primera puerta que Satanás penetra para erigir una fortaleza en tu vida.

El profeta Isaías comprendió la importancia de guardar los pensamientos de nuestra vida:

¡Tú guardarás en completa paz a todos los que confían en ti, a todos los que concentran en ti sus pensamientos! (Isaías 26:3, NTV).

Dios reveló al mundo a través del profeta Isaías cómo los malos pensamientos sirven como enemigos de los planes y propósitos de Dios para nuestra vida.

Deje el impío su camino, y el inicuo sus pensamientos; vuélvase al Señor, y él tendrá misericordia de él; y a nuestro Dios, el cual será amplio en perdonar (Isaías 55:7).

> Tus pensamientos cotidianos son la primera puerta que Satanás penetra para erigir una fortaleza en tu vida.

Dios exige a los malvados que abandonen su camino, pero también sus pensamientos, porque estos conducen a las acciones. Aprendí que podía arrepentirme de mis acciones pecaminosas, pero si continuaba consintiendo pensamientos pecaminosos, eventualmente tendría que arrepentirme de dichas acciones vez tras vez.

Los libros que leemos, los programas que vemos y la música que escuchamos conllevan pensamientos de vida y muerte. Por lo tanto, debemos vigilar continuamente nuestra actividad mental. En realidad, vigilar la puerta de entrada a nuestros pensamientos es una disciplina diaria, no un evento semanal.

Satanás sabe que debe penetrar en tus pensamientos antes de poder ejercer cualquier influencia en tu vida. Así que continuamente él traerá a tu mente pensamientos inapropiados, lujuriosos, negativos, condenatorios, de duda y temor. El diablo lanza de manera permanente sus pensamientos buscando que alguno penetre y encuentre refugio en tu mente.

¡Es por eso hay que debes hacer cautivo cualquier pensamiento malvado o negativo!

Al comienzo esta disciplina espiritual puede ser una verdadera lucha, en especial si nunca has fijado límites a tus pensamientos cotidianos. Antes de aprender el valor de tener una vida disciplinada en este aspecto, permití a mi mente vagar y fantasear con muchas imágenes y pensamientos impíos. Así que, recuperar el gobierno de mi mente fue todo un desafío, pero finalmente pude volver a tener los pensamientos de mi vida bajo el señorío de Cristo. ¡Y tú también puedes!

La imaginación es lo segundo

Si no traemos disciplina a nuestras mentes y controlamos su tráfico diario, los pensamientos impíos se convertirán en imaginaciones, o lo que comúnmente llamamos fantasías. La imaginación es poderosa: puede crear imágenes positivas y piadosas o negativas y perversas.

Por ejemplo, Dios le dijo a Abram (más tarde llamado Abraham) que soñara e imaginara el tamaño de su familia, y Dios hizo realidad esa imagen.

Y el Señor dijo a Abram, después de que Lot se separara de él: "Levanta ahora la vista y mira desde el lugar donde estás: hacia el norte, hacia el sur, hacia el este y hacia el oeste;

porque toda la tierra que ves te la doy a ti y a tu descendencia para siempre. Y haré que tu decendencia sea como el polvo de la tierra; de modo que si algún hombre pudiera contar el polvo de la tierra, también tu descendencia podría ser contada. Levántate y camina por la tierra, a lo largo y a lo ancho, porque yo te la doy" (Génesis 13:14-17).

Soñar los sueños de Dios e imaginar Sus ideas es una manera de mantenernos activos y moviéndonos hacia el plan del Señor para nuestras vidas, pero al mismo tiempo, las imágenes y fantasías impías se encargan de agitar nuestra carne y movernos en dirección a las fortalezas. Estas comienzan con un pensamiento, y los pensamientos impíos que no son detenidos y llevados cautivos crecerán y se convertirán en imaginaciones.

La palabra *imaginación* en el Antiguo Testamento sencillamente proviene de la raíz *imagen* o "imagen del pensamiento". Moisés nos dio una idea de cómo los pensamientos pueden convertirse en imaginaciones por medio de la siguiente escritura.

El Señor vio la magnitud de la maldad humana en la tierra, y que todo lo que la gente pensaba o imaginaba era consistente y totalmente malo. Entonces el Señor lamentó haber creado al ser humano y haberlo puesto sobre la tierra. Se le partió el corazón (Génesis 6:5-6, NTV).

Unos capítulos más adelante, en Génesis 11, leemos la historia sobre la torre de Babel. La imaginación del pueblo alimentó la idea de construir una torre hacia el cielo. De hecho, Dios mismo dice que su imaginación fuera de control sería perjudicial para su futuro.

> *Y el Señor descendió para ver la ciudad y la torre que edificaban los hijos de los hombres. Y el Señor dijo: He aquí, el pueblo es uno, y todos tienen un mismo idioma; y esto comienzan a hacer: y ahora no se les impedirá nada de lo que han imaginado hacer* (Génesis 11:5-6, KJV).

He trabajado con muchos matrimonios que experimentaron la angustia de la infidelidad. Sin excepción, la fortaleza del adulterio sigue el mismo patrón predecible. Primero vienen los pensamientos de estar con alguien diferente al cónyuge. Si esos pensamientos no se descartan, el siguiente paso en la progresión siempre corresponde a imágenes consentidas en la mente con esa otra persona. La fantasía se vuelve excitante y casi real. A menudo esta etapa se prolonga por semanas, incluso meses. Cada vez que alguien fantasea con estar con otra persona, la emoción crece, y la consideración de las consecuencias dolorosas, disminuye. Esto hace parte del engaño de Satanás.

Vivimos en una cultura saturada de sexo. Muchos anuncios, programas semanales, y especialmente películas tienen connotaciones sexuales. Las estadísticas abundan, y aunque pueden variar, se ha logrado comprobar que un alto porcentaje de hombres cristianos ven pornografía con frecuencia. Los promotores de la pornografía declaran con orgullo que no tienen víctimas y tratan de hacerla pasar por arte y cine de entretenimiento. Los estudios demuestran lo contrario.

WebMD, un sitio web médico, hace esta advertencia:

> La pornografía no es difícil de encontrar. Su atractivo es fuerte. Su uso frecuente puede reflejar un problema personal, social e incluso profesional. Algunos expertos afirman que

el consumo excesivo de pornografía puede afectar negativamente el funcionamiento de nuestro cerebro.[5]

El sitio web continúa diciendo:

Los expertos afirman que la misma actividad cerebral que se muestra en la adicción a las drogas y al alcohol—cuando se activan los circuitos del cerebro asociados a la recompensa, la motivación y la memoria— se registra en quienes consumen mucha pornografía.[5]

Las personas que consumen pornografía con regularidad experimentan impulsos o deseos sexuales intensos. Recurren a la pornografía cuando están ansiosos. También tienden a desarrollar complicaciones en el trabajo y en su casa. Algunos expertos creen que existe una relación entre el consumo excesivo de pornografía y la insatisfacción en las relaciones.

Las imágenes y escenas que permitimos que permanezcan en nuestra mente ejercen un poder embriagador sobre nuestras vidas. Lamentablemente he debido aconsejar a docenas de parejas cuyos matrimonios experimentaron desafíos porque el esposo o la esposa se vieron obligados a competir con una fantasía, algo irreal.

Peor aún, las imágenes pornográficas no son escenas inocentes que se ven una vez para luego no volver a pensar en ellas. Se trata de escenas que provocan sentimientos ilícitos de excitación—tan descontrolados como impíos. La pornografía envenena tu mente: es una toxina que se libera en tu pensamiento.

Mencioné que hace años yo también luché con la pornografía, y descubrí algo importante cuando comencé a liberarme de los pensamientos e imágenes impuras. Al reemplazar ese espacio con la palabra de Dios y pensamientos saludables, me volví más inteligente. Ahora bien, sé que si hablas con mi familia y amigos al respecto, van a rebatir esa teoría, pero aun así es verdad. Mi capacidad mental para comprender, recordar, enfocar, y concentrarme aumentó cuando mi mente fue libre de las escenas e imágenes de lujuria y pornografía. Si hubiera sabido esto años atrás, habría sido un estudiante mucho mejor en la secundaria y la universidad.

> La pornografía envenena tu mente: es una toxina que se le libera en tu pensamiento.

Lo que pensamos, lo que vemos y lo que escuchamos es el alimento de nuestra mente, como la nutrición lo es para nuestro cuerpo. Cuando permitimos que las cosas incorrectas entren a nuestra mente, nos afectarán en forma negativa. De la misma manera, cuando llenamos nuestra mente con cosas buenas, la mente mejorará positivamente.

Lo mismo ocurre al ministrar a personas que luchan con la desesperanza hasta el punto de infligirse daño a sí mismas. Pensamientos de desaliento y oscuridad invaden sus mentes. Si no son capaces de eliminar esos pensamientos malsanos o de sustituirlos por otros esperanzadores, empezarán a imaginarse formas de hacerse daño para escapar del dolor que los acosa.

Las personas que se han hecho daño de manera intencional o han acabado con su vida abrigaron pensamientos o imágenes que los inducían a cometer tales acciones. Rara vez las personas ponen fin a su vida de manera consciente sin confiarle a alguien los pensamientos que les atormentan continuamente.

La fortaleza viene en tercer lugar

Si no tomamos cautivos los pensamientos incorrectos, estos se convertirán en fantasías o imágenes en nuestra mente. Si no demolemos y destruimos esas imágenes y fantasías liberando nuestra mente, al final quedaremos bajo el control de una fortaleza. Una vez sometidos y bajo la influencia de una fortaleza, somos prisioneros de sus deseos, e impulsos. La fortaleza consume nuestro pensamiento y se convierte en el filtro a través del cual vemos y sentimos todo.

Esto es exactamente lo que le ocurrió a Judas Iscariote. Llevaba tiempo pensando que quería más dinero. Estoy seguro de que incluso imaginó varios escenarios para conseguirlo. Finalmente se le presentó la oportunidad, y estaba tan consumido por la fortaleza de la codicia que traicionó al Hijo de Dios.

> *Se acercaba la fiesta de los panes sin levadura, que se llamaba la pascua. Y los jefes de los sacerdotes y los escribas buscaban cómo matarlo, porque tenían miedo del pueblo. Entonces Satanás entró en Judas, de apellido Iscariote, quien era contado entre los doce. Y se puso en camino, y consultó con los jefes de los sacerdotes y con los capitanes cómo podría entregarle. Y ellos se alegraron, y acordaron darle dinero. Así que se comprometió y buscó la oportunidad de entregárselo en ausencia de la multitud (Lucas 22:1-6).*

Lucas nos dice que "Satanás entró en Judas" (versículo 3). El diablo no entró en Judas por la fuerza ni lo hizo contra su voluntad. Judas Iscariote fue un participante voluntario en el ardid.

Consideremos de nuevo Mateo 15:19 que dice: "Porque del corazón salen los malos pensamientos, los asesinatos, los adulterios, las fornicaciones, los hurtos, los falsos testimonios, las blasfemias". Lo que comenzó como un simple pensamiento se convirtió en la traición más horrible de la historia de la humanidad.

> Lo que comenzó como un simple pensamiento se convirtió en la traición más horrible de la historia de la humanidad.

Parece que todos los días escuchamos historias de tragedias increíbles y desgarradoras, perpetradas por amigos y familiares contra sus seres queridos debido a las fortalezas en sus vidas. Con frecuencia la adicción a las drogas hace que las personas roben a sus propias familias. Los celos y la ira fuera de control llevan a los amigos a asesinarse. La codicia desenfrenada impele a los hermanos a robarse, o a que los empleados cometan fraude contra una empresa que ha sido buena con ellos.

¡No permitas que el diablo te engañe! Satanás y las fortalezas no pueden atacarte o atarte al azar sin tu permiso. Una fortaleza no puede consumirte hasta que hayas permitido repetidamente a tu mente que se mueva, piense y se enfoque en esa dirección varias veces.

¡*Tú* tienes una opción! Así que elige seguir el camino de Dios y la paz te seguirá.

PREGUNTAS:

1. ¿Cómo se abre la puerta del pecado en nuestras vidas? ¿Y cómo se cierra?

2. ¿Importa lo que piensas? ¿Por qué?

3. ¿Cuál es el proceso del reino de tinieblas que construye fortalezas en nuestras vidas?

ORACIÓN:

Padre celestial, te agradezco, de acuerdo con tu palabra en Santiago 1:5, que si nos falta sabiduría, podemos pedírtela, y tú nos la darás generosamente, al igual que el entendimiento que necesitamos. Te agradezco, Padre, porque estoy entendiendo cómo operan los planes de Satanás, y ya no seré atrapado por sus tácticas engañosas. Ayúdame a hacer de la salud de mi pensamiento una prioridad en mi vida. En el nombre de Jesús, amén.

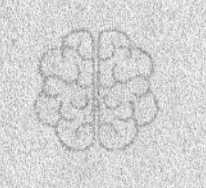

7

LA ESTRATEGIA DE DIOS PARA VENCER EL PLAN DE SATANÁS

Aunque Satanás ha probado esquemas que causaron estragos en la humanidad por generaciones, Dios también ha dado a sus hijos armas y estrategias notables para resistir sus planes. Si ejercitas estas estrategias, nunca tendrás que preocuparte de que Satanás desarrolle una fortaleza en tu vida. No importa qué tipo de pensamiento, imaginación, fortaleza, o ardid diabólico traiga el enemigo para derrotarte, Dios tiene una estrategia para ponerlo en su lugar, que es bajo tus pies (Efesios 1, 2).

A través de los escritos del apóstol Pablo, Dios ya ha detallado cómo vencer cada etapa del plan de Satanás. Veamos las estrategias de Dios, una por una.

ESTRATEGIA # 1: Tomar cautivo el pensamiento

La forma más fácil—y más efectiva—de hacer la guerra espiritual, es tomar cautivos nuestros pensamientos. Esto significa, simplemente, negarse a permitir que cualquier pensamiento impío, acusador, atemorizante, descorazonador, o condenatorio tenga derecho a vagar libremente por nuestra mente. El apóstol Pablo nos contó todo sobre esta estrategia. Mira más de cerca, una vez más, esta escritura emblemática en lo que se refiere a los pensamientos y su control:

> *Derribando las imaginaciones, y toda altivez que se levanta contra el conocimiento de Dios, y llevando todo pensamiento cautivo a la obediencia a Cristo* (2 de Corintios 10:5, KJV).

En casi todas las conferencias en las que enseño sobre la vida en el pensamiento, me preguntan: "¿Cómo tomar cautivos los pensamientos? ¿Qué significa eso y con qué se puede comparar?". Aquí está la respuesta: Tomar cautivos los pensamientos significa reconocer que un pensamiento o patrón de pensamiento particular no pertenece a tu mente, y tomar acciones intencionales para evitar la entrada de ese tipo de pensamientos.

> Podemos llevar cautivos nuestros pensamientos, o nuestros pensamientos nos llevarán cautivos.

Me gusta decirlo de esta forma: Podemos llevar cautivos nuestros pensamientos, o nuestros pensamientos nos llevarán cautivos.

Al principio de mi travesía, recuerdo haber leído lo que Pablo escribió en 2a de Corintios, concluyendo que el apóstol estaba pidiendo lo imposible. ¿Cómo puede alguien tomar cautivo cada pensamiento que cruza por su cabeza? Si en promedio una persona procesa entre 50.000 y 60.000 pensamientos al día, ¿cómo podemos tomar cautivos todos esos pensamientos? Honestamente, cuando el viaje empezaba, los pensamientos de mi vida eran tan indisciplinados que no podía dejar de pensar en algo intencionalmente para concentrarme en otra cosa. Como era incapaz de apagar mi mente para pensar en algo diferente, el concepto de tomar cautivo cada pensamiento me parecía poco realista.

En poco tiempo, también descubrí que tomar cautivo cada pensamiento no solo significa detener un pensamiento errado sino reemplazarlo por el correcto.

Muchas veces me levantaba de la silla y caminaba por la habitación, diciéndome a mí mismo: "No voy a pensar eso. No voy a pensar eso". ¡En este punto, tenía la mitad de la batalla ganada! Reconocía que había pensamientos que no debían estar en mi mente, y era capaz de ahuyentarlos durante un día, más o menos. Por desgracia, siempre reaparecían. Cuando esto pasaba, volvía a decir: "No pensaré en eso. ¡No voy a pensar eso!". Día tras día la función se repetía. Tenía un alivio momentáneo, pero no duraba.

¡Entonces lo vi! Estuvo ahí todo el tiempo, y me lo había perdido. Mira ahora Filipenses 4:8. A menudo, en el mundo de la iglesia, pasamos la mayor parte del tiempo diciendo a las personas lo que no deben hacer, en lugar de mostrarles las cosas correctas o cómo hacerlas. Pero bajo la inspiración del Espíritu Santo, Pablo nos dijo exactamente en qué debemos invertir nuestro tiempo.

> Tomar cautivo cada pensamiento no solo significa detener un pensamiento errado sino reemplazarlo por el correcto.

Finalmente, hermanos y hermanas, todo lo que es verdadero, lo que es noble, lo que es justo, lo que es puro, lo que es hermoso, lo que es admirable— si hay algo excelente o digno de alabanza, piensen en tales cosas (Filipenses 4:8, NIV).

Cuando vi esta verdad, dejé de gastar mi tiempo tratando de evitar ciertos pensamientos y comencé a trabajar en los pensamientos correctos. Tomar cautivos nuestros pensamientos no solo consiste en abandonar los malos; significa tomar el control de nuestra mente y enfocar en los pensamientos correctos.

Enfrentemos los hechos. No podemos dejar de pensar. Nuestras mentes están activas veinticuatro horas al día, siete días a la semana. Trabajan incluso cuando estamos dormidos, o inconscientes. Nunca se detienen. Así que es imposible dejar de pensar. El punto es que debemos dirigir nuestras mentes hacia los pensamientos adecuados.

En ese preciso instante, hice un cambio revolucionario. Cuando me sorprendí a mí mismo con pensamientos impíos, no me limité a decir: "No voy a pensar en esto". En lugar de eso, dije: "Tomo este pensamiento cautivo y lo reemplazo con __________". Debía encontrar un versículo de la Escritura que confrontara el pensamiento errado con la verdad de Dios y usarlo para llenar el espacio en blanco. En varias ocasiones mientras conducía, me salí de la carretera, bajé del auto y caminé un poco citando las Escrituras para tomar cautivos los pensamientos y reenfocar mi mente.

Durante los días más oscuros de la batalla por mis pensamientos, me sentaba en una habitación oscura por horas y miraba fijamente a la pared. Mi mente estaba confundida, y mis pensamientos no se apagaban ni se enfocaban en una dirección. Mi esposa entraba en la habitación y me hablaba, pero yo no la oía. No tenía el control de mis pensamientos; mis pensamientos me controlaban a mí. Pero cuando dejé de desgastarme tratando de *no tener* ciertos pensamientos y comencé a invertir mi energía en los pensamientos correctos, las cosas empezaron a cambiar.

La lectura de mi Biblia, de libros llenos de fe, y escuchar música de adoración, me suministraron la munición constante que necesitaba para recuperar agresivamente la propiedad de la que había sido despojado siendo el dueño: mis pensamientos. También aprendí que leer la Biblia *en voz alta* ayudaba mi mente a "callarse" y escuchar la palabra de Dios.

ESTRATEGIA # 2: Derribar las imaginaciones con responsabilidad

Volvamos a 2 de Corintios 10:5 para examinar nuestra segunda estrategia. No podemos concentrarnos demasiado en esta escritura porque es apenas un modelo para controlar los pensamientos de nuestra vida y caminar en victoria en esta área.

> *Derribando las imaginaciones, y toda altivez que se levanta contra el conocimiento de Dios, y llevando cautivo todo pensamiento a la obediencia de Cristo (2 de Corintios 10:5, KJV).*

Note la expresión *derribar* en este versículo, que proviene de la palabra *kathaireo*. Significa "demoler o destruir" y plantea un punto interesante. Al principio, solo aprendemos a tomar cautivos nuestros pensamientos, pero una vez estos se convierten en imágenes en nuestra mente, tenemos que trabajar duro para derribar y demoler dichas imágenes. ¿Por qué? La razón es que la guerra espiritual se intensifica cuanto más avanza el proceso del reino de tinieblas.

Derribar da la impresión de arrojar a suelo con la intención de destruir. En otras palabras, la guerra por la mente se ha incrementado, arreciando a tal punto que debemos volvernos violentos para lograr defendernos.

Varios maridos me han contado cómo ensayaban y repetían una y otra vez los minuciosos detalles de la aventura que se proponían antes de armarse de valor para llevarla a cabo. Al comienzo, el miedo a ser descubiertos les impedía llevar a cabo su cometido. Pero cuanto más fantaseaban con ello, más prevalecía la emoción sobre el miedo. La fantasía se grabó en sus mentes; las imágenes se repitieron una y otra vez, encendiendo su carne y sus deseos físicos.

Entonces, ¿cómo podemos "desechar" o "arrojar" la imaginaciones impías? Una forma eficaz es exponer esa fantasía a la luz.

Los planes y tácticas de Satanás solo crecen en la oscuridad. El pecado crece en las tinieblas, donde se multiplica y gana impulso. Si el pensamiento maligno ha avanzado hasta la imaginación o la fantasía, está a un paso de consumir a la persona.

Si te encuentras consintiendo fantasías impías o impuras, o si te sorprendes a ti mismo soñando despierto continuamente, o permitiendo que tu mente se pierda en escenas y acciones lujuriosas o pecaminosas, busca un amigo/a espiritual de confianza y *confía en él/ella*. Pídele que ore por ti, ¡y saca a la luz esa imaginación pecaminosa!

> En la etapa de la imaginación, el engaño de la fantasía se ha convertido en algo tan embriagador que no puedes ver el peligro y los inconvenientes que te esperan

En este punto, el asunto ha progresado más allá de un pensamiento ocasional que puedes detener mediante un En pequeño esfuerzo. Ahora ha evolucionado hasta convertirse en escenas que producen excitación y agitan tu carne, y por lo tanto, la guerra necesaria para detener este proceso también debe intensificarse. Por eso necesitas un "compañero de rendición de cuentas".

En la etapa de la imaginación, el engaño de la fantasía se ha convertido en algo tan embriagador que no puedes ver el peligro y los inconvenientes que te esperan.

> *Quien ama a su hermano o hermana vive en luz, y no hay nada en él que le haga tropezar. Pero el que odia a su hermano o hermana está en tinieblas y camina en tinieblas. No sabe a dónde va, porque las tinieblas lo han cegado (1 de Juan 2:10-11, NIV).*

El apóstol Juan nos advierte que una vez caemos bajo la influencia de las tinieblas, somos cegados o engañados. No podemos ver el peligro que nos espera. Si continuamos por este mismo camino sin corrección, el Espíritu Santo traerá a nuestras vidas personas o circunstancias que interceptarán nuestra fantasía hipnótica con la realidad. El Espíritu Santo entiende que la guerra espiritual se ha intensificado, y si estamos caminando bajo el influjo del engaño, somos un cordero que va al matadero.

Un momento embarazoso, un cónyuge que encuentra un mensaje de texto, un amigo en Cristo que nos llama, un contacto telefónico secreto cuidadosamente planeado, o una reunión interrumpida de manera extraña, son escenarios incómodos, y la obra del Espíritu Santo, arroja luz sobre la oscuridad que nos impulsa. El Espíritu Santo es misericordioso e invadirá el plan de Satanás con una interrupción para evitar que seamos apresados por una fortaleza. Si alguna de estas cosas te ha sucedido, no solo fuiste atrapado; también has sido librado por un Padre celestial misericordioso.

> *Porque el Señor disciplina a los que ama, y castiga a cada uno que acepta como hijo suyo. Mientras soportan esta disciplina divina, recuerden que Dios los trata como a sus propios hijos. ¿Quién ha oído hablar de un hijo que nun-*

ca es disciplinado por su padre? Si Dios no los disciplina como a todos sus hijos, significa que son ilegítimos, y no realmente sus hijos. Ya que respetamos a nuestros padres terrenales que nos disciplinaron, ¿no deberíamos someternos aún más a la disciplina del Padre de nuestros espíritus y vivir para siempre? Porque nuestros padres terrenales nos disciplinaron durante algunos años, haciendo lo mejor que sabían hacer. Pero la disciplina de Dios siempre es buena para nosotros, para que podamos participar de su santidad. Ninguna disciplina es agradable mientras se produce: ¡es dolorosa! Pero después habrá una cosecha pacífica de vida correcta para aquellos que son entrenados de esta manera (Hebreos 12:6-11, NLT).

Desafortunadamente, las personas a veces no reciben su disciplina con seriedad, y continúan permitiendo que la fantasía controle sus vidas. Pasan por alto la misericordia de Dios y los obstáculos que Él dispuso para evitarles el dolor y la angustia.

Por cinco años serví como superintendente de distrito en una región de más de 220 iglesias y 650 ministros.

Tristemente, en el ejercicio de mis funciones, algunas veces tuve que aplicar la disciplina espiritual sobre ministros que habían sido infieles a sus cónyuges. En cada investigación que llevé a cabo, los ministros relataron de manera reiterada que el Espíritu Santo los frenaba espiritual y emocionalmente, o interrumpía los planes clandestinos que trazaban para cometer sus acciones infieles.

El Espíritu Santo estaba tratando de rescatarlos de la puesta en escena de sus fantasías de estar con una persona que no fuera su cónyuge, pero ellos seguían ignorando y pasando por encima de los obstáculos enviados por el Señor. Dios estaba tratando de sacar a la luz esa fantasía e imaginación pecaminosa, porque la luz siempre desarma los planes de Satanás. La luz despoja el engaño de la mala intención y permite que el engañado lo vea como es: una trampa de destrucción.

En Santiago 5:16 se nos dice: "Admitan sus faltas unos a otros y oren unos por otros para que puedan ser sanados..." (TLB). La rendición de cuentas y la oración traen protección y sanación. Entiendo que revelar a otra persona sus fantasías o imaginaciones impías puede ser embarazoso. Pero ese momento de vergüenza no es nada comparado con la vergüenza y el dolor que experimentará, si su fantasía se convierte en una fortaleza sobre la cual se edifican sus acciones.

Aquí hay otra advertencia para buscar ayuda, una vez que nos damos cuenta de que estamos empezando a caer bajo la influencia de la oscuridad:

> *Dos pueden lograr más del doble que uno, pues los resultados pueden ser mucho mejores. Si uno cae, el otro lo levanta; pero si un hombre cae estando solo, tiene problemas. Además, en una noche fría, dos bajo la misma manta se calientan el uno al otro, pero ¿cómo puede calentarse uno solo? Y uno que está solo puede ser atacado y derrotado, pero dos pueden luchar espalda con espalda y conquistar; tres es incluso mejor, ya que un cordón triplemente trenzado no se rompe fácilmente* (Eclesiastés 4:9-12, TLB).

Observa de nuevo el versículo 12: "...Uno que está solo puede ser atacado y derrotado, pero dos pueden luchar espalda con espalda y conquistar". La capacidad de derrotar al enemigo está garantizada cuando no luchamos solos. Dos—eso incluye a un amigo, un compañero de oración, o un compañero de rendición de cuentas— unidos pueden derrotar a cualquier enemigo.

Mi esposa, mi fuerte ayudante

En mi travesía hacia la libertad mental, mi preciosa esposa, Amanda, se convirtió en mi "socia de cuentas". Como he dicho anteriormente, la condición de mis pensamientos bordeaba el desquicio, estaba fuera de control.

Al haber crecido bajo una estricta tradición pentecostal, había ciertas cosas de las que no se hablaba, y el sexo era una de ellas. El sexo era un tema tabú en la iglesia y en casa. En todos mis años de crecimiento en la iglesia, nunca recuerdo que un profesor de la escuela dominical, un líder de jóvenes o un miembro de la familia me llamara aparte para hablarme apropiadamente sobre la sexualidad, los sentimientos, o cómo controlar los impulsos sexuales durante la adolescencia o la juventud.

Mi padre y yo tuvimos una charla sobre sexo durante los veintidós años que viví en casa de mis padres. Esa charla en particular se produjo el día de mi boda, cuando yo tenía veintidós años y seis meses. Me dijo que quería llevarme a comer y hablar conmigo. Yo estaba prevenido, y no era para menos, porque nunca habíamos tenido conversaciones serias de hombres. Era un padre bueno y honesto, pero nuestras conversaciones normalmente giraban alrededor de los deportes, la escuela o el trabajo. A menudo hablábamos de su trabajo, que era su vida, porque quería asegurarse de inculcarme una sólida ética del trabajo, y lo hizo.

Eligió ir a Wendy's, y eso me pareció bien, porque soy un amante de las hamburguesas con queso. Después de ordenarla, nos sentamos y hablamos un poco. El ambiente era un poco incómodo porque estaba esperando que él empezara con la parte seria de la conversación. Sabía que lo ponía nervioso abordar cualquier tema serio.

Finalmente, rompió el hielo y dijo: "Hijo, quiero hablarte de sexo". Si mal no recuerdo, justo acababa de dar un gran mordisco a mi "Wendy´s" doble con queso y casi me atraganté.

Me tomó completamente por sorpresa. Esperaba que la conversación se centrara en el dinero —no endeudarse por comprar muchos muebles o no llevar el matrimonio a una situación financiera por tener hijos demasiado pronto—. Pero para mi gran asombro el tema del dinero no surgió en toda la conversación. Lo último de lo que esperaba que mi padre me hablara, era de sexo.

Mientras masticaba lentamente, con la boca llena de hamburguesa, lo miré y murmuré un ininteligible: "Ok". Mi padre, entonces, procedió a iniciar la infame charla sobre sexo entre padre e hijo. Solo que ya no tenía trece años. Tenía veintidós.

Comenzó lentamente con estas palabras: "Hijo, sabes algo sobre sexo?"

"Sí, señor", dije".

"¡Bien!", respondió. "¿Quieres un helado?"

Fue el final de la conversación.

Las siguientes palabras que salieron de su boca fueron sobre una nueva subdivisión que habían iniciado en nuestra ciudad natal y los materiales de construcción que su empresa estaba proporcionando. El tema del sexo no volvió a ser mencionado en ninguna conversación que tuviéramos.

Como puedes ver, el sexo fue un asunto que tuve que explorar y aprender por mi cuenta. Lamento decir que el vestuario de la escuela secundaria, entre los amigos, era el lugar donde se discutía sobre el tema con mayor libertad. Mi comprensión del sexo fue cimentada por adolescentes, cuyos valores eran totalmente diferentes de aquellos en torno a los cuales me habían criado.

Las conversaciones que mantenían a diario de forma tan causal, las revistas que llevaban a la escuela y circulaban de mano en mano y las hazañas de su vidas amorosas, eventualmente llenaron mi mente de imágenes y fantasías que urgían mi atención. Todo el tiempo supe que la libre expresión de gratificación sexual de la que hablaban con tanta ligereza no era un comportamiento apropiado para un marido, en especial para uno que anhelaba ser ministro. Pero en mi mundo, o elegías la libre expresión (todo vale) o *todo estaba mal*. Así que luché.

Por el miedo, pude retraerme de actuar sobre los antojos lujuriosos, pero el ámbito de mis pensamientos y fantasías incluía el *todo vale*. Una batalla diaria de pensamientos, imaginaciones y fantasías sexuales fue seguida por la condenación continua y la confesión de mi pecado a Dios.

Cuando me convertí en pastor, era un hombre joven, con una esposa, un niño pequeño, y el deseo de servir a Dios y ayudar a los demás, pero plagado de pensamientos desenfrenados. Esta fue la puerta que Satanás utilizó para entrar en mi mente.

Después de la visitación del Señor que recibí ese sábado por la mañana, el viaje hacia la renovación de mi mente comenzó. Sabía que lo primero que tenía que corregir eran los pensamientos lujuriosos, y las imágenes y escenas pornográficas que había dejado vagar libremente por mi mente durante años. La lenta y diligente tarea de tomar cautivo cada pensamiento resultó difícil. Mi mente acogía y utilizaba los pensamientos y fantasías como escape del estrés y del cansancio. Las imágenes y pensamientos lujuriosos eran mi mi mecanismo predeterminado tras un día agotador o luego de enfrentarme a una situación en la iglesia para la que no tenía respuestas.

Como puedes imaginar, la lujuria me llevó a la auto-gratificación, lo que también obstruyó mi habilidad para satisfacer las necesidades de mi hermosa novia. Ella luchaba con sentimientos de insuficiencia, y con pensamientos según los cuales no me complacía. Pero la verdad es que, durante esos primeros años, ella tenía que competir con una fantasía, una puesta en escena completamente irreal.

Cuando empecé a aprender cómo recuperar el control de mis pensamientos, descubrí, muy temprano en ese viaje, que no podía ganar la batalla solo. Necesitaba ayuda. Siendo un joven ministro en la organización a la que estaba vinculado, no había en ese momento ninguna salida para discutir las luchas personales. La confesión o revelación de una lucha por causa de la lujuria, era recibida con un rechazo fulminante, y pocas oportunidades de ayuda o recuperación.

Sin tener a dónde más ir, finalmente confié en Amanda. Le confié las batallas diarias de mis pensamientos de lujuria, e imágenes de años atrás que aún veía y era incapaz de borrar. Como una guerrera preparada para la batalla, me perdonó y me aseguró que juntos superaríamos esa influencia demoníaca. Años más tarde, ella se ha referido al daño que experimentó, y a los sentimientos de traición emocional, pero nunca me lo dijo durante mi viaje hacia la libertad.

Al comienzo, Amanda me confrontaba diariamente sobre los pensamientos que había tenido. "¿En qué has estado pensando? ¿Qué has soñado despierto?", me preguntaba.

Honestamente, algunos días no quería ser sincero para no herirla. No ganaba siempre la batalla, y eventualmente fui incapaz de llevar cautivos mis pensamientos. Unos días eran mejores que otros, y algunos solo calificaban como miserables fracasos. ¡Cómo agradezco que ella nunca se rindiera conmigo!

Poco a poco, muy lentamente, mis pensamientos comenzaron a renovarse y a ser saludables. Cada mañana, mientras me preparaba para el trabajo, leía versículos de las Escrituras que Amanda había escrito en tarjetas de 7x12 centímetros y pegado en el espejo del baño. Cuando me iba al trabajo, me entregaba tarjetas similares. Durante el día, cuando los pensamientos lujuriosos trataban de entrar en mi mente o veía algo que agitaba mi carne, sacaba una de esas tarjetas con pasajes de la Escritura y comenzaba a leerlas. Recuerda que tomar cautivos nuestros pensamientos es más que dejar de tener pensamientos errados. También es sustituir dichos pensamientos por pensamientos correctos.

Han pasado más de treinta años desde aquellos días de lucha, e incluso ahora seguimos rindiéndonos cuentas sobre nuestros pensamientos diarios. El miedo, el rechazo, la inseguridad, la falta de perdón, la envidia, la tentación del desánimo y las ganas de renunciar, para no citar otra interminable lista de problemas, pueden nublar nuestros pensamientos e hipnotizar nuestras mentes. Cada uno de nosotros, necesita un compañero de rendición de cuentas que nos ayude a asegurarnos responsablemente de que mantenemos nuestros pensamientos alineados y a salvo de caer en un foso.

Las palabras de Eclesiastés 4:12 son muy ciertas: "Uno que está solo puede ser atacado y derrotado, pero dos pueden pararse firmes espalda con espalda y conquistar..." (TLB).

ESTRATEGIA #3: Usando nuestras armas para derribar fortalezas

Como creyentes tenemos la autoridad y el conocimiento para tomar cautivos nuestros pensamientos. Si por nuestra ignorancia o negligencia permitimos que los pensamientos malsanos o impíos permanezcan en nuestro proceso de renovación mental, estos se convertirán en imaginaciones y fantasías. Incluso entonces, el Señor es tan amoroso y misericordioso que ha provisto el camino para escapar de una eventual ruptura del corazón, permitiéndonos arrojar o desechar con fuerza esa escenas que hemos consentido permitiéndoles jugar y reproducirse libremente en nuestras mentes.

> Cada uno de nosotros necesita un compañero de rendición de cuentas que nos ayude a asegurarnos responsablemente de que mantenemos nuestros pensamientos alineados y a salvo de caer en un foso

Sin embargo, si continúas permitiendo que la oscuridad continúe controlando tus pensamientos, esas fantasías impías finalmente se volverán tan prevalentes en tu mente que comenzarás a buscar formas de actuar en ellas. Este es el punto del plan satánico en el que ya no hay solo un pensamiento o una fantasía sino una fortaleza, a la que eres arrastrado para actuar en consecuencia: *"Debes hacerlo, debe experimentarlo"*. Solo entonces te das cuenta de que la emoción prometida y el escape ofrecido no son la respuesta ni la solución.

Es una prisión de la que no resulta fácil escapar. Te encuentras esclavo de una adicción o de un miedo. Te encuentras atado por un impulso o deseo que nunca se satisface, por más que consigas, bebas, o experimentes lo que buscas. Se llama fortaleza y controla tu vida.

Amigo, aun así, Dios nos ama tanto que nos ha proporcionado una vía de escape. Como ya leímos, 2a de Corintios 10:4 dice: "Porque las armas de nuestra guerra no son carnales, sino poderosas en Dios para la destrucción de fortalezas" (KJV).

Hace años, cuando oía mencionar este versículo en la iglesia, siempre se predicaba o explicaba desde la perspectiva de derribar fortalezas celestiales. El versículo siempre era mencionado y relacionado con la historia del Antiguo Testamento sobre el libro de Daniel, en el capítulo diez.

Daniel había estado orando y ayunando durante tres semanas cuando se le apareció un ángel informándole que su oración había sido escuchada, pero la respuesta se había retrasado. El ángel le explicó que el príncipe del reino de Persia había intentado interceptar la respuesta y evitar que llegara a la tierra. Luego continúa revelando al profeta la escena de una batalla celestial que tuvo lugar entre ángeles y espíritus demoníacos.

El hombre me dijo: "Daniel, tú eres muy valioso para Dios, así que escucha atentamente lo que tengo que decirte. Levántate, porque he sido enviado a ti". Cuando me dijo esto, me puse de pie, todavía temblando. Entonces me dijo: "No tengas miedo, Daniel. Desde el primer día en que empezaste a orar pidiendo entendimiento y humillándote ante tu Dios, tu petición ha sido escuchada en el cielo. He venido en respuesta a tu oración. Pero durante veintiún días el espíritu príncipe de reino de Persia bloqueó mi camino. Entonces vino a ayudarme Miguel, uno de los arcángeles, y lo dejé allí, con el espíritu príncipe del reino de Persia (Daniel 10:11-13, NLT).

Juntando los versículos de Daniel en el Antiguo Testamento y los de 2 Corintios en el Nuevo, podemos ver fácilmente como una comprensión de las fortalezas en los cielos sobre las ciudades y las naciones puede llegar a convertirse en el punto focal. Algunas personas llevaron esa batalla al extremo e incluso alquilaron oficinas y apartamentos en áticos para celebrar reuniones de oración. Su pensamiento era que si podían elevarse lo suficiente físicamente, podrían participar en la batalla espiritual y, por medio de la oración, derribar las fortalezas sobre las ciudades y naciones.

Es cierto que determinadas ciudades y territorios se encuentran bajo una influencia demoníaca que afecta las acciones y actitudes de los ciudadanos en esa área. Pero las fortalezas a las que Pablo se refiere en 2ª de Corintios no son fortalezas demoníacas en los cielos, sino aquellas que se han desarrollado en la mente de las personas. Las fortalezas en la mente son la base de operaciones para las actitudes y acciones de la gente. Las fortalezas mentales y emocionales en nuestras vidas deben ser derribadas.

Si estás leyendo esto y te das cuenta de que algo diferente a una influencia piadosa está gobernando tu vida, o si te encuentras atado o encarcelado por una adicción, miedo, inseguridad, trauma, pornografía, o algún otro problema que controle tu mente, puedes ser libre. Recuerda que Dios te ha dado poderosas armas espirituales capaces de derribar las horrendas fortalezas de Satanás.

Pablo nos ofreció una interesante visión de este nivel de guerra espiritual. Nos dijo que las fortalezas deben ser "derribadas". En otras palabras, la fortaleza se ha establecido en nuestras vidas y ha fijado allí su residencia. En ese punto, nos controla. Determina nuestras acciones y actitudes. Se ha convertido en la motivación número uno que nos impulsa. Comenzó con un simple pensamiento, luego pasó a la etapa de imaginación o fantasía. Finalmente la fantasía se vuelve tan intoxicante, que la persona no estará satisfecha hasta que actúe de acuerdo con ella.

> Las fortalezas en la mente son la base de operaciones para las actitudes y acciones.

A estas alturas, la fuerza de voluntad es insuficiente para detener dicha fuerza maligna. Prometer "no volver a hacerlo" tampoco servirá para detener la fuerza que controla tu vida. Eres preso de tus impulsos y del deseo, los que, a su vez, controlan y determinan tus acciones y actitudes. Es una fortaleza, un bastión, una prisión.

La palabra de Dios nos dice que se necesitan armas—espirituales—para derribar las fortalezas del mal. "Derribar una fortaleza" significa que esta es desalojada de su posición elevada de fuerza opresiva y controladora en la vida de la persona. ¡La fortaleza, entonces, deja de controlar, y la persona es liberada!

Cuando Pablo dijo en 2 de Corintios 10:4 que nuestras armas no son carnales sino poderosas para derribar fortalezas, no se refería a armas carnales—como pistolas, cuchillos, o incluso sistemas de asesoría especializada.

Desgraciadamente, muchas personas que lidian con adicciones han probado programas de consejería cuya ayuda depende totalmente de métodos naturales. Aunque su motivación es buena, estos recursos resultan impotentes para dar la victoria y libertad cuando una entidad espiritual ha entrado en la ecuación.

He trabajado con docenas de personas que asistieron a cinco o seis centros de tratamiento y gastaron miles de dólares; no obstante, la triste realidad es que continuaron sometidos por la adicción y la esclavitud. Se les promete la libertad de las adicciones y los miedos mediante la autodisciplina y la educación secular, pero nunca se habla de las armas para luchar contra el mal espiritual (el dueño de la prisión). En otras palabras, estas personas están comprometidas en una batalla espiritual y solo cuentan con armas naturales para enfrentarla. ¡Eso nunca funcionará! Equivale a combatir un incendio, en medio de una casa en llamas, utilizando solo una pistola de agua.

Cuando una fortaleza se ha establecido en la vida de una persona, se requiere de un poder superior al de la fortaleza para derribarla. Si la fuerza de voluntad tuviera la capacidad necesaria, ya habría realizado la tarea o habría impedido que la fortaleza se erigiera como prioridad sobre todo lo demás.

Mira lo que nos dijo Lucas:

> *Pero si yo expulso a los demonios por el poder de Dios, es que el reino de Dios ha llegado a ustedes. Porque cuando un hombre fuerte está completamente armado y vigila su palacio, sus posesiones están a salvo— hasta que alguien*

> "Derribar una fortaleza" significa que esta es desalojada de su posición elevada de fuerza opresiva y controladora en la vida de la persona.

aún más fuerte lo ataca y lo domina, lo despoja de sus armas y se lleva sus pertenencias (Lucas 11:20-22, NLT).

> Cuando una fortaleza se ha establecido en la vida de una persona, se requiere de un poder superior al de la fortaleza para derribarla.

He atendido a cientos de personas preciosas que se vieron atadas por problemas que controlaban su vida. Durante toda la prueba, que a menudo dura meses y años, prometen no volver a rendirse de nuevo ante su compulsión, ansia o adicción, pero desgraciadamente resultan impotentes ante la fuerza que los impele a hacer lo mismo.

Armas necesarias para salir de la cárcel

No mucho después de mi experiencia con Jesús, comencé a aventurarme fuera de casa. Todavía me mostraba receloso y luchaba continuamente contra pensamientos acosadores y acusadores que intentaban someterme de nuevo, pero ya no era preso del miedo y la ansiedad como antes.

Una mañana de sábado, Amanda quiso ir de compras a un centro comercial de una ciudad vecina. Acepté acompañarla. Como seguimos haciendo hasta el día de hoy, una vez llegamos al centro comercial ella se fue en dirección a las tiendas, y yo en sentido opuesto, en busca de una cafetería o un lugar con galletas y helados. Caminando hacia la plazoleta de comidas, pasé por una librería cristiana y me aventuré a echar un vistazo. Atrajo mi atención un libro en particular titulado: *La alabanza libera la fe* de Terry Law.[6]

Nunca había oído hablar de Terry Law, pero la portada azul brillante con el nombre del autor en negrilla en la parte inferior despertó mi curiosidad. Abrí el índice, como acostumbro, y el primer capítulo se titulaba "Ataques al pensamiento." Eso era todo lo que necesitaba ver. Rápidamente me acerqué a la caja y pagué el libro. Al salir de la librería, me senté en el primer banco que encontré para empezar a leer.

El primer capítulo comienza con una historia personal relatada por Terry, sobre la ministración de una mujer que había estado confinada durante un año y medio en una institución mental, con una camisa de fuerza. Inmediatamente, evoqué las noches de insomnio y las imágenes que me atormentaban—imaginaba que me llevaban a una institución mental y que mi esposa y mi pequeño hijo me veían en una camisa de fuerza. Esa imagen se repetía una y otra vez en mi mente acompañada de pensamientos como: *¡Estás loco! ¡Estás perdiendo la cabeza! ¡Ellos vendrán y te llevarán en una camisa de fuerza!* No podía leer lo suficientemente rápido para entonces. Me olvidé por completo de mis ganas de helado. ¡Estaba completamente fascinado!

Terry se enteró por los amigos de la mujer que la llevaron al servicio de la cruzada que las entidades demoníacas a menudo la hacían totalmente ingobernable. Incluso esa noche, de repente se sintió enferma físicamente en el estacionamiento; los espíritus inmundos procuraban impedir que asistiera al servicio.

Permíteme avanzar rápidamente hasta el día de hoy. Muchas veces he oído esa misma historia, una y otra vez. La familia y los amigos invitan a sus seres queridos a nuestras reuniones en que se ministra a las personas cautivas mental y emocionalmente. Antes de que puedan llegar a la puerta, los invitados se enferman misteriosamente, muchas veces en el estacionamiento, camino al servicio. El diablo no quiere abandonar su territorio.

Terry, dándose cuenta de que esta querida mujer estaba bajo el control de una fortaleza demoníaca, comenzó a reprender al espíritu maligno y a ordenarle que entregara su dominio sobre la mujer en el nombre de Jesús. Aparentemente, la mujer estaba siendo controlada por varios espíritus que fueron diciendo su nombre a medida que dejaban a la mujer. Mientras Terry continuaba ministrando liberación a la mujer, un espíritu salió de ella identificándose como "Control mental".

Tan pronto ese espíritu la dejó, Terry relata que los ojos nublados de la mujer se aclararon y centraron en él. Ella le sonrió y dijo: "Oh, ahora puedo recordar!". Ese espíritu de control mental había mantenido su memoria y sus procesos de pensamiento en total esclavitud. Pero esa noche, la mujer salió alabando a Dios, totalmente libre por el poder de Dios.

A partir de esa experiencia, el autor llegó a comprender que Satanás está en el "negocio" de tratar de controlar las mentes de las personas.

> *Pero me temo que, como la serpiente engañó a Eva con su astucia, sus mentes sean corrompidas y desviadas de la simplicidad que se encuentra en Cristo (2 Corintios 11:3).*

El apóstol Pablo estaba al tanto de esta táctica satánica cuando escribió a los cristianos de Corinto. La verdad es que Satanás está al acecho de nuestras mentes. Él entiende que si puede controlar nuestros pensamientos, es capaz de dirigir nuestras acciones.

El diablo opera en el ámbito de la mente; tus pensamientos diarios son su campo de juego.

Esta historia me recordó experiencias que había vivido semanas y meses atrás. No podía recordar las cosas más sencillas. Mi mente permanecía nublada y atormentada continuamente. Era como si una neblina la envolviera, y con ella, mis pensamientos. Era incapaz de ponerlos en orden de forma lógica; solo corrían juntos y nunca se apagaban. Al cabo de un tiempo, se convirtieron en un incesante tamborileo de confusión que sometía mi consciencia.

> El diablo opera en el ámbito de la mente; tus pensamientos diarios son su campo de juego.

Sentado en el centro comercial leyendo estas primeras páginas empecé a llorar. Finalmente encontraba a alguien que tenía experiencia con las cosas que debí enfrentar los últimos meses. Leí *La alabanza libera la fe* de comienzo a fin y varias veces los siguientes treinta días—marcando, subrayando y destacando cada página. Las verdades de ese libro me enseñaron muchas cosas, pero también me sirvieron para confirmar que no estaba loco, ni era débil, ni estaba perdiendo la cabeza. Contaba ahora con un recurso para ayudarme a ser completamente libre.

Pasaron varios años, y guardé *La alabanza libera la fe* en mi escritorio. Un día estaba ministrando a una persona que luchaba contra la depresión y vio el libro en mi escritorio. Ya había hecho referencia al libro varias veces durante nuestra conversación. Finalmente, esa persona me preguntó si podía leer el libro. Le indiqué dónde podía adquirirlo y me dijo que lo haría, pero por su reacción me di cuenta de que no iría a la librería a comprarlo.

Él insistió: "¿Seguro que no puedo leer tu ejemplar?". Le conté que el libro había sido una maravillosa inspiración, de gran ayuda para mi vida, y que había permitido a la gente leer otros libros de mi biblioteca, pero que nunca me los devolvían. Reconoció mi reticencia y dijo que lo entendía.

Cuando concluimos y él iba de salida, tomé el libro y le hice prometer que lo regresaría después de leerlo. Lo prometió, y mi preciado libro dejó de estar en mi poder por primera vez en muchos años.

Para acortar la historia, dos años más tarde localicé a esta persona en otro estado. Conduje hasta el lugar donde se encontraba y recuperé mi libro. Hoy, mi copia de *La alabanza libera la fe* ha vuelto a casa y se encuentra en un lugar seguro. Está viejo, rasgado y con los bordes deshilachados, pero las verdades que aprendí en ese libro sobre mis armas espirituales siguen derribando fortalezas en la actualidad.

PREGUNTAS:

1. ¿Cuáles son las tres estrategias dadas por Dios que te permitirán resistir las artimañas del diablo?

2. ¿Por qué es importante un compañero de rendición de cuentas cuando se trata de adicciones, miedos, lujuria, pornografía, etc.? ¿Tienes alguien para apoyarte en eso? ¿Qué cosas sería bueno que discutieras con él o ella?

3. ¿Cómo afectan las fortalezas las actitudes y acciones de una persona? ¿Cómo pueden afectarte a ti?

ORACIÓN:

Padre celestial, te agradezco, de acuerdo con tu palabra en Isaías 54:17 que ningún arma forjada contra mí prosperará. Ayúdame a ser diligente en guardar mi propia vida prohibiendo pensamientos e imágenes impías e insanas en mi mente. Reconozco que también necesito rendir cuentas en mi vida y doy la bienvenida a la rendición de cuentas a través de amigos de confianza que tú envíes a mi vida. En el nombre de Jesús, amén.

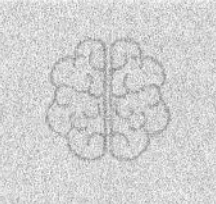

UN PODEROSO Y BIEN PROVISTO ARSENAL

La gente a menudo se pone en contacto conmigo después de escuchar mi historia. Enterarse de todo lo que pasé y cómo el Señor me liberó les da la esperanza de poder encontrar la libertad ellos también. Sin duda la libertad está al alcance de todos, aunque implique una lucha. Pero es una pelea en la que definitivamente no estamos solos. Como hijos de Dios, tenemos poderosas armas sobrenaturales, tan formidables que pueden demoler cualquier fortaleza de Satanás. Esta es una noticia fantástica, y una verdad que debemos creer y declarar con valentía. Podemos alegrarnos de que nadie se encuentre por fuera de la ayuda de Dios: nadie. Nuestra victoria consiste en aprender a manejar las poderosas armas que Dios nos ha dado.

La misma naturaleza de la palabra *fortaleza*, de la que habla Pablo en 2 de Corintios 10, nos deja saber que se ha invertido esfuerzo y determinación contra nosotros para hacernos prisioneros. Del mismo modo, se necesitará esfuerzo y determinación para salir de esta prisión. No me refiero a una acción física o a la fuerza de voluntad, sino a la diligencia para usar nuestras armas espirituales a fin de caminar en libertad, incluso más de lo que el diablo nos ha hecho andar siendo diligente para acosarnos y encarcelarnos.

Todos los días mi mente era bombardeada con pensamientos de ceder, rendirme y abandonar. Muchas veces pensé en poner fin a mi vida porque las promesas de la palabra de Dios sobre la paz y una mente sana se veían lejanas de la realidad que estaba enfrentando. Pero decidí que no me rendiría ni me daría por vencido.

Recuerdo que caminaba por mi casa gritando a los pensamientos atormentadores que resonaban en mi mente. Recuerdo los pensamientos y las imágenes de la policía y los profesionales de la salud que venían a buscarme y llevarme a la fuerza a un centro para enfermos mentales. Pero incluso con esas escenas gravitando en mi mente, gritaba: "No me importa si me llevan, nunca me rendiré a estos pensamientos. Siempre declararé que Dios me ha dado una mente sana".

Fue una pelea, una guerra constante durante más de un año. Pero continué usando mis armas espirituales (armas poderosas a través de Dios para derribar fortalezas). Y esas armas, que detallo en este libro, son las armas espirituales que finalmente me liberaron. ¡Son las armas que te liberarán, y te mantendrán libre!

ARMA #1—La palabra de Dios

Tu Biblia es tu arma: el arma número uno de tu arsenal.

> *Porque la palabra de Dios es viva y poderosa. Es más afilada que cualquier espada de doble filo, y penetra entre el alma y el espíritu, entre la articulación y la médula del hueso. Expone nuestros pensamientos y deseos más íntimos (Hebreos 4:12, NLT).*

Este versículo nos dice que nuestra Biblia no es un libro cualquiera.   No es solo papel y tinta. Es un arma viva y poderosa, y su propósito es ayudarte a proteger, defender y obtener. Te protegerá y defenderá a ti y a tu familia. Te ayudará a obtener todo lo que Dios te ha prometido para que puedas vivir una vida abundante.

El apóstol Pedro, bajo la inspiración del Espíritu Santo, nos proporcionó una visión asombrosa del poder que contiene nuestra Biblia. Pedro nos dijo que la verdad de nuestra Biblia tiene el poder de darnos la vida misma de Dios.

> *Esta carta es de Simón Pedro, esclavo y apóstol de Jesucristo. Les escribo a ustedes que comparten con nosotros la misma fe preciosa. Esta fe fue dada por la justicia y equidad de Jesucristo, nuestro Dios y Salvador. Que Dios les dé más y más gracia y paz a medida que crezcan en el conocimiento de Dios y de Jesús, nuestro Señor. Por su poder divino, Dios nos ha dado todo lo que necesitamos para vivir una vida piadosa. Todo esto lo hemos recibido al llegar a conocerlo a Él, quien nos llamó a sí por medio de su maravillosa gloria y excelencia. Y por su gloria y excelencia, nos ha dado grandes y preciosas promesas. Estas son las promesas que les permiten compartir su naturaleza divina y escapar de la corrupción del mundo causada por los deseos humanos (2ª de Pedro 1:1-4, NLT).*

Desgraciadamente, el arma espiritual de muchas personas, que derrota al diablo y da vida—la Biblia— permanece sin usar en un escritorio o un anaquel. Muy a menudo su dueño ni siquiera sabe cómo usarla.

Recientemente visité a una familia y la conversación giró en torno a la posibilidad de que alguien irrumpiera en su casa para robarlos y lastimarlos.

Les pregunté, "¿No tienen un arma?".

"Sí, tenemos una pistola", respondió el jefe del hogar. "Pero tendría que pedirle al intruso que me enseñara a usarla porque no sé cómo cargarla ni dispararla."

No parece lógico ni inteligente poseer un arma sin saber usarla. Sin embargo, muchos cristianos se encuentran en la misma situación. Satanás es el ladrón que viene a robarnos y a destruir a nuestras familias, pero tenemos un arma formidable y disponible para derrotarlo. Las palabras de nuestra Biblia son lo suficientemente poderosas para anularlo, aun así son muchos los creyentes que no saben cómo usarlas.

> El poder de nuestra Biblia está contenido en nuestra fe y confianza en lo que dice.

El poder de nuestra Biblia está contenido en nuestra fe y confianza en lo que dice. Cuando no sabemos lo que dice, nuestra Biblia es inoperante en nosotros, aunque lleve en sí misma el poder de la vida y la muerte. Esta es la razón por la que tantos cristianos son impotentes y están siendo derrotados por nuestro enemigo.

Hace años descubrí que mi amor por Dios debe correr en paralelo con mi amor por *Su* palabra. Dicho de otra forma, no amo a Dios más de lo que amo su palabra.

La Palabra o las buenas sensaciones

El estilo de celebración pentecostal y carismático suele estar lleno de celebraciones emotivas y de intensos momentos de intercesión. No es raro que en uno de estos servicios se vean danzas, cantos alegres y, al mismo tiempo, un llanto sincero de arrepentimiento. A menudo, la respuesta emocional que se siente en un servicio se convierte en el punto central del mismo y en la confirmación para los participantes de que Dios ha estado en su presencia.

Nací y crecí en una iglesia pentecostal, una iglesia que cree que la Biblia es la palabra de Dios. Pero la palabra de Dios no tenía el primer lugar en mi vida, sino los buenos sentimientos, una expresión emocional. Si hoy te hicieras la pregunta, ¿cuál de ambas cosas ocuparía el primer lugar?

Mi momento del Espíritu Santo fue diferente al de muchos de los jóvenes de nuestra pequeña iglesia. Mientras que muchos de los chicos de nuestro grupo de jóvenes recibieron el Espíritu Santo en un servicio o en un campamento juvenil, yo recibí la llenura del Espíritu Santo en un tiempo privado de oración.

Un domingo por la noche, el tema de predicación del pastor fue "Esperen hasta…" enfatizando en "esperar al Espíritu Santo". La premisa era que los discípulos tenían que aguardar a que el Espíritu Santo descendiera el día de Pentecostés según Hechos 2, por lo cual nosotros también debíamos estar dispuestos a esperarlo. Desde el altar se hizo un llamado para esperar al Espíritu Santo, al cual respondí. Recuerdo haber pensado: *"Ojalá no tengamos que esperar durante días como los discípulos en el libro de los Hechos, porque mañana tengo que ir a la escuela"*.

Cada vez que los jóvenes se acercaban al altar en nuestra pequeña iglesia, las señoras mayores se apostaban alrededor y comenzaban a orar por ellos.

El objetivo era que todos los jóvenes fueran llenos del Espíritu Santo y hablaran en lenguas.

Mientras estaba arrodillado ante el altar, de repente me encontré rodeado por las "madres de Israel," como solía llamarlas. Una de ellas me agarró un brazo y lo levantó, mientras que otra me tomó por el brazo libre y lo sostuvo. Así, el servicio del altar alcanzó la máxima velocidad.

Mamá tocaba el órgano, y las señoras de la iglesia me tenían rodeado. Algunos jóvenes se arrodillaron en otros lugares alrededor del área frontal, pero todo parecía indicar que esa noche yo era el blanco indicado por el Espíritu Santo. Una combinación de alabanzas, aleluyas, y varias damas que pasaban de hablar en lenguas al inglés en mi oído capturaron por completo mi atención. Recuerdo que una de ellas, a mi derecha, decía: "¡Déjate ir, hijo!". Otra a mi lado izquierdo me urgía al mismo tiempo: "¡Aguanta, hijo!".

Ahora bien, si no has participado en un servicio de altar pentecostal "a la antigua", no has experimentado la iglesia en toda su dimensión. El tiempo no se tiene en cuenta, y el silencio es señal de frialdad espiritual. Las voces oraban a voz en cuello, la música era una marcha triunfal, y el flujo y contraflujo del servicio del altar cambiaban reavivándose con la intensidad de la siguiente madre que tomaba la dirección de la oración.

Ignoro cuánto tiempo permanecimos en el altar aquella noche, pero fue lo suficiente como para que me cansara de orar e invocar a Dios a todo pulmón. Este "*esperar hasta*" se estaba convirtiendo en *más de lo que esperaba*. Mi camisa estaba empapada en sudor, y mis brazos, entumecidos, luego de ser sostenidos un tiempo indeterminado. Finalmente, masculle un suspiro entrecortado por el cansancio, y cuando lo hice, una de las señoras exclamó: "¡Lo tienes! ¡Lo tienes!".

Súbitamente el ambiente cambió de "presión" a celebración. La gente empezó a aplaudir y a regocijarse entre gritos de "¡Gracias, Jesús!" de todos los que estaban alrededor del altar. Las damas estaban emocionadas porque pensaban que habían conducido en oración a otro niño hasta rendirlo al Espíritu Santo.

Después de ser abrazados y apretados por todas las abuelas de la iglesia y de recibir palmaditas en la espalda de todos los hombres, la gente regresó a sus asientos para recoger sus pertenencias y dirigirse a casa. Otro joven lleno del Espíritu Santo, otro servicio de altar en el que Dios descendió y llenó las almas con su gloria.

Cuando atravesamos la puerta en dirección al estacionamiento, recuerdo que una mujer me dijo: "Hijo, me alegro mucho de que lo hayas conseguido!" Aún tengo presente que respondí con cortesía y tranquilidad: "Gracias". Pero mientras me alejaba, lo que pensaba era: "Si esto es la llenura del Espíritu Santo, es lo más cercano a la *nada* que he experimentado".

No dormí mucho esa noche. Estaba decepcionado. Experimenté muchas emociones alrededor del altar, pero sin que nada sustancial ocurriese en mi corazón. Tenía la impresión de que la llenura del Espíritu Santo era para capacitar a una persona con poder espiritual. Leí que las vidas de los discípulos cambiaron después de su experiencia en el día de Pentecostés. Leí que hombres llenos de miedo se convirtieron de repente en personas audaces. Si un poder espiritual viniera, yo lo sabría, y sentiría un cambio. Pero desgraciadamente nada de eso me ocurrió esa noche.

Al día siguiente, en la escuela, seguí reviviendo la escena del domingo por la noche, cuestionando lo que había experimentado. Cuando llegué a casa, fui a mi habitación y comencé a leer mi Biblia, en busca de respuestas. Sabía que Dios era real y creía que lo que lo que la Biblia decía era cierto, pero lo que había experimentado era decepcionante porque no sentía ningún cambio en mi corazón.

Dos años antes, había respondido a un llamado desde el altar en una reunión de avivamiento de verano, y cuando oré y pedí a Jesús que viniera a mi vida supe que en mi interior había tenido lugar una transformación. Sabía que era diferente.

Para la noche del martes, había buscado todas las escrituras sobre el Espíritu Santo que pude encontrar en mi Biblia. Deseaba experimentar lo que los discípulos vivieron en Jerusalén ese día trascendental, pero no quería pasar por otra montaña rusa emocional con toda esa gente en la iglesia. Estaba a punto de dejar de leer y cerrar mi Biblia por esa noche cuando me topé con un pasaje importante.

> *Y a todo el que llame, se le abrirá la puerta. Padres, si sus hijos les piden un pez, ¿ustedes les dan una serpiente? O si les piden un huevo, ¿les dan un escorpión? ¡Por supuesto que no! Así que si ustedes, que son pecadores, saben dar buenos regalos a sus hijos, ¿cuánto más su Padre celestial dará el Espíritu Santo a los que se lo pidan?* (Lucas 11:9-13, NLT).

Como era un niño de doce años, fue como si una luz del cielo se encendiera de inmediato en mi corazón. ¡De repente lo vi! No necesitaba recurrir a volteretas emocionales para recibir el Espíritu Santo, y no tenía que esperar mucho tiempo. Simplemente pedirle al Padre celestial, y Él me daría la llenura del Espíritu Santo.

"...Cuánto más su Padre celestial dará el Espíritu Santo a los que se lo pidan" acababa de leer. Esa noche me dormí con paz en mi corazón y un plan para recibir el Espíritu Santo. De hecho, el día siguiente era miércoles y había estudio bíblico en la iglesia, así que me programé para pedirle al Padre celestial el bautismo del Espíritu Santo.

Normalmente los miércoles en la noche llevaba mis tareas escolares a la iglesia y hacía mis deberes mientras mi abuelo daba la lección. Pero esa noche, lo único que llevé a la iglesia fue mi Biblia. No recuerdo de qué trataba el estudio bíblico de mi abuelo. Esperaba con ansias el momento de la oración al final del servicio.

Cuando era niño, al final de cada servicio de nuestra iglesia, se invitaba a todos a pasar al frente y encontrar un lugar donde permanecer unos momentos en oración personal antes de abandonar la iglesia. Debíamos orar antes de salir a un mundo maldito por el pecado. Esta noche no fue la excepción. Mi abuelo terminó su enseñanza y "abrió los altares para la oración", lo cual significaba que extendía la invitación a la gente para que se acercara a orar. Probablemente solo hubiese veinticinco o treinta personas en ese servicio, así que la zona del altar no estaba abarrotada. Pero esa noche no me acerqué al altar. Lo ocurrido la última vez no había sido otra cosa que la emboscada de una pandilla del Espíritu Santo, y yo no iba a permitir que esas abuelas me atraparan de nuevo.

Esperé a que todos se acercaran al frente para orar y abandoné mi banco. Caminé hacia adelante, pero elegí un banco a unas cuatro filas de distancia. Me arrodillé y abrí mi Biblia en Lucas 11:13. "Así que si ustedes, que son pecadores, saben dar buenos regalos a sus hijos, ¿cuánto más su Padre celestial no dará el Espíritu Santo a los que se lo pidan?"(NLT).

Recuerdo que dije en voz baja: "Señor, Tú dijiste aquí mismo que si te pedía el Espíritu Santo, me lo darías. Por eso te pido: lléname del Espíritu Santo ahora".

Sin gritos ni música de marcha—incluso sin levantar los brazos—allí, arrodillado solo, una sensación de gozo surgió inmediatamente dentro de mí. No sabía cómo responder o qué decir, excepto: "Gracias, Jesús." En un abrir y cerrar de ojos, ese inteligible *"gracias"* se convirtió en un lenguaje que nunca había escuchado, hablado o aprendido. Al principio me sorprendí tanto con lo que me oía decir, que me detuve para asegurarme de no estar soñando. Entonces, como un río que ha sido liberado, abrí mi boca y rendí mi corazón. Las palabras fluyeron en un lenguaje que jamás oí. Con cada momento que pasaba, la excitación de mi corazón aumentaba de la mano de esa sensación de libertad. Sentí frescura, algo novedoso, sentí *vida*.

Una avalancha incontenible invadió mis emociones, y comencé a llorar de alegría. Traté de contenerme tanto como pude, pues no quería que las abuelas me escucharan y tomaran eso como una señal para darme una doble dosis pentecostal.

No sé cuánto tiempo estuve arrodillado ahí, pero debió ser un buen rato porque cuando me levanté y eché un vistazo alrededor, todo el mundo ya estaba de vuelta en sus sillas y mirándome. Volví lentamente a mi banco habitual y me senté. Quizás lo que debiera decir es que floté de regreso a mi lugar y me senté. Estaba en las nubes. ¡De eso se trataba!

Los meses siguientes fueron totalmente diferentes para mí. Quería dar testimonio a todos mis amigos y compartir lo que me había sucedido. La mayoría de ellos pensaron que estaba loco, pero no me importaba. ¡Lo tenía, y era real!

Durante meses viví en una euforia emocional. En cada servicio de la iglesia no podía contener las lágrimas. No eran lágrimas de tristeza; tenía en mi corazón un gozo y una gratitud inusuales. Cada canción me conmovía y cada sermón me inspiraba. Me encantaba ir a la iglesia y no podía esperar para estar ahí.

Sin embargo, con el paso del tiempo, llegué a confiar en esos sentimientos. Evalué el mover del Espíritu Santo por la respuesta emocional que experimenté, o de la que fui testigo. Si había emoción y llanto, eso significaba que había arrepentimiento. Si se experimentaba gozo, eso quería decir que el Espíritu Santo había descendido. Si el servicio en realidad se dejaba llevar y el predicador no llegaba a tomar la palabra porque la gente estaba riendo, danzando, o cayendo bajo el poder del Espíritu, era la prueba por excelencia de que teníamos un servicio lleno del Espíritu Santo. La predicación de la palabra de Dios era importante, pero un buen sermón siempre ocuparía una posición inferior a un mover del Espíritu Santo.

Al mismo tiempo, empecé a notar que las personas que acudían al altar para orar en cada servicio eran siempre las mismas. Parecía que la gente se acercara al altar, pero que sus vidas no cambiaran.

Además, en el libro neotestamentario de Hechos, cuando los discípulos fueron llenos del Espíritu Santo, comenzaron a testificar. Su testimonio de lo que Jesús había hecho por ellos estimuló a otros a venir y comprobar lo que estaba sucediendo. Pero a nuestra iglesia no venía gente nueva; nadie invitaba a nadie. Un gran servicio en la iglesia no era el resultado de que la gente naciera de nuevo sino el tipo de experiencia que, en general, tenía la comunidad alrededor del altar.

Ese mismo año, mi abuelo dimitió como pastor de la iglesia tras haber servido durante veintidós años. Nunca había estado en una iglesia en la que mi abuelo no fuera el pastor, así que las cosas empezaron a cambiar rápidamente. En pocas semanas, nuevos predicadores empezaron a venir cada domingo; entre ellos una pareja joven que se presentó cierto día. No recuerdo sus nombres, y nunca volví a verlos después de ese domingo. No obstante, casi cincuenta años después, todavía recuerdo el título del sermón que dio el predicador: "El poder de la palabra de Dios".

Lo escuché atentamente, mientras enseñaba cosas que nunca había oído antes. Habló de usar la palabra de Dios cada día de la vida. Yo tenía la impresión de que la Biblia era para los domingos, y sus historias, para que los predicadores prepararan mensajes. *Yo tenía el Espíritu Santo, así que, ¿por qué necesitaba estudiar la Biblia todos los días? "Cada miércoles y domingo puedo llenarme del Espíritu, y eso es todo lo que necesito"*, razoné.

Por años, creí que el Espíritu Santo era todo lo que necesitaba. Me gradué en la universidad con una licenciatura en religión. Varios de mis estudios giraron en torno a la exactitud histórica de la Biblia. Estudié griego y tomé clases de hebreo. En cada clase se enseñaba sobre la Biblia, pero en ninguna se explicaba cómo aplicar la Biblia en mi vida diaria. Eso no me desvelaba por entonces, porque tenía el Espíritu Santo. Tenía la "sensación fantástica".

Pero años más tarde, mientras conducía por la carretera, aquel pensamiento errante se presentó en mi mente: *Debes estar poseído por el demonio.* De repente, la "fantástica sensación" no estaba, y por mucho que oré y lloré, no pude recuperarla.

Orar y llorar tampoco detuvo los pensamientos acosadores. Oré más ese año que en cualquier otro momento de mi vida. Antes que el miedo me sometiera volviéndome su rehén en mi casa, me paseaba alrededor del altar de nuestra pequeña iglesia todos los días y lloraba por horas derramando mi corazón delante de Dios. Intentaba recuperar esa sensación y tratar de ahuyentar el acoso, pero no funcionaba.

La palabra de Dios, viva y poderosa

Bien lo dijo el profeta en Oseas 4: "Mi pueblo es destruido por falta de conocimiento". No entendía que mi Biblia es un arma poderosa. Mientras permanecí ciego ante la revelación del poder en la palabra de Dios, Satanás me mantuvo derrotado.

Hoy en día encontramos a muchos cristianos convencidos de conocer a Dios y sus caminos, pero cuyo pensamiento no está alineado con la Biblia. Es imposible conocer los caminos de Dios si no somos estudiantes de su palabra.

Miremos de nuevo Hebreos, capítulo 4:

> *Porque la palabra de Dios es viva y poderosa. Es más afilada que cualquier espada de doble filo, y penetra entre el alma y el espíritu, entre la articulación y la médula del hueso. Expone nuestros*

pensamientos y deseos más íntimos (Hebreos 4:12, NLT).

El escritor de Hebreos nos informa que la palabra está viva y es poderosa. En griego, el término que equivale a *palabra* es *logos*. En este versículo se refiere a la palabra escrita de Dios, nuestra Biblia.

Luego vemos que la misma expresión griega—*logos*—se utiliza en el evangelio de Juan:

> *En el principio el Verbo ya existía. El Verbo estaba con Dios, y el Verbo era Dios. Él existía en el principio con Dios. Dios creó todo a través de él, y nada fue creado sino a través de él. El Verbo dio vida a todo lo creado, y su vida trajo luz a todos. La luz brilla en las tinieblas, y las tinieblas nunca pueden extinguirla* (Juan 1:1-5, NLT).

En estos versículos, el vocablo griego *logos* no se refiere a la palabra de Dios escrita (la Biblia), sino a la Palabra Viva de Dios: Jesús. A menudo escucho a la gente decir, "¡Oh, cómo desearía haber vivido cuando Jesús caminó en esta tierra para ver todas las cosas que hizo y experimentar los milagros y curaciones que realizó! Las cosas serían mucho mejores hoy si Jesús estuviera aquí".

La verdad es que Jesús es la Palabra Viva, pero nosotros tenemos la Palabra escrita. No era Jesús (humanamente) el poderoso. Jesús era poderoso por *ser* la Palabra de Dios. Tenemos la Palabra de Dios que estuvo al alcance de sus contemporáneos, solo que de una manera diferente. Pero Su poder, no ha decrecido.

Tanto la palabra de Dios escrita como la Palabra Viva de Dios contienen la Vida de Dios.

El Verbo dio vida a todo lo creado, y su luz trajo vida a todos (Juan 1:4, NLT).

El término *vida* es la palabra griega *zoe*, que significa "vida como Dios la tiene." Jesús le dio la clase de vida que tiene Dios a todo lo que encontró y nos trajo esa vida.

Debes recordar lo que nos dice Hebreos 4:12. "La palabra de Dios es viva y poderosa"(NLT). La palabra *viva* en el original es una combinación de dos expresiones griegas: *zoe* (vida como Dios la tiene) y *poieo* (hacer). Dicho de otra forma, Jesús es la Palabra Viva que viene a dar vida. La Biblia, la Palabra escrita—cuando creemos y actuamos sobre ella— nos hará vivir con la vida de Dios. Nuestra Biblia, la Palabra de Dios, es un arma que nos proporciona el mismo poder que tenía Jesús cuando caminó sobre la tierra, pero debemos creerla y actuar en consecuencia.

> La Palabra de Dios es un arma que nos proporciona el mismo poder que tenía Jesús cuando caminó sobre la tierra, pero debemos creerla y actuar en consecuencia.

Una y otra vez, leemos casos del Nuevo Testamento en los que la gente creyó y actuó sobre la palabra de Dios, y el poder de Dios se manifestó.

Cuando Jesús regresó a Cafarnaúm, un oficial romano se acercó y le suplicó: "Señor, mi joven siervo yace en la cama, paralizado y con terribles dolores". Jesús le dijo: "Iré y lo curaré." Pero el oficial le dijo: "Señor, no soy digno de que entres en mi casa. Solo di la palabra desde donde estás, y mi sirviente sanará. Lo sé porque estoy bajo la autoridad de mis oficiales superiores, y tengo autoridad sobre mis soldados. Solo tengo que decir: "Ve", y van, o "Ven", y ellos vienen. Y si digo a mis esclavos: "Hagan esto", lo hacen." Al oír esto, Jesús se asombró. Volviéndose a los que le seguían dijo: "¡Les aseguro que no he visto una fe así en todo Israel! Y les digo que vendrán muchos gentiles de todo el mundo—del este y del oeste—y se sentarán con Abraham, Isaac, y Jacob en el banquete del reino de los cielos. Pero muchos israelitas—aquellos para quienes el reino estaba preparado—serán arrojados a las tinieblas exteriores, donde habrá llanto y crujir de dientes". Entonces Jesús dijo al oficial romano: "Vuelve a tu casa. Porque has creído, ha sucedido." Y el joven siervo fue sanado en esa misma hora (Mateo 8:5-13, NLT).

He aquí el ejemplo de un hombre que tenía la misma fe en la palabra de Dios que en Jesús, la Palabra Viva de Dios. El oficial romano acude a Jesús para contarle acerca de su sirviente que estaba paralizado y con fuertes dolores. Jesús le dijo al oficial romano que iría personalmente a sanarlo. ¿Cómo respondió el oficial?: "No tienes que venir personalmente. Solo di la palabra y mi siervo será sanado". En otras palabras, ese oficial romano creía que la Palabra de Dios tenía el mismo poder del que Jesús, en su carne, era portador.

Si tenemos la misma fe en la palabra de Dios que la que tendríamos ante la llegada de Jesús en persona para hacer algo por nosotros, veremos exactamente los mismos resultados.

La verdad que me equipó para derribar la fortaleza del miedo, la lujuria y la condenación que se había establecido en mi mente fue esta: el poder sobrenatural de Dios que reside en Jesús— la Palabra Viva de Dios—también está contenido en la Biblia—la Palabra escrita de Dios.

Me di cuenta de que mi Biblia no era solo un libro histórico, ni simplemente un libro sagrado. Sus palabras contienen la vida y el poder de Dios.

Cuando esa simple verdad despuntó como un amanecer en mi interior, los versículos que siguen adquirieron un nuevo significado en mi vida.

> El poder sobrenatural de Dios que reside en Jesús–la Palabra Viva de Dios–también está contenido en la Biblia–la Palaba escrita de Dios.

Pero si permanecen en mí y mis palabras permanecen en ustedes, ¡podrán pedir lo que quieran, y se les concederá! Cuando producen mucho fruto, son verdaderamente mis discípulos. Esto trae gran gloria a mi Padre (Juan 15:7-8, NLT).

Jesús nos dice que cuando la Palabra de Dios se convierte en parte de nuestras vidas y la Biblia entra en nosotros, nuestras peticiones son motivadas y activadas por la Palabra de Dios, que es viva y poderosa.

Los ángeles responden a Su Palabra, los espíritus demoníacos responden a Su Palabra, las enfermedades y dolencias responden a Su Palabra, y el medio ambiente responde a Su Palabra.

Jesús y Su Palabra tienen el mismo poder; la diferencia es el recipiente. La poderosa Palabra de Dios que da vida estaba contenida en el cuerpo de carne de Jesús cuando vivía en la tierra. Hoy en día, la Biblia contiene la poderosa y vivificante Palabra de Dios, y debemos creerla y actuar en consecuencia con ella, a lo cual se llama fe.

Mi amor, honra, y respeto por la Palabra de Dios deben coincidir con mi amor, honra, y respeto hacia Jesús. Es interesante que la gente pueda creer sin problema en el Jesús histórico   y en el poder que demostró mientras caminó por este planeta, pero les cueste creer que ese mismo poder de Dios está disponible hoy en día a través de la creencia y la acción en Su Palabra.

Muchos ven la Biblia como un libro de historia que nos enseña cómo vivir con base en las acciones de otras personas y los eventos ocurridos en su vida. En efecto, la biblia es un maravilloso libro de lecciones y un maestro supremo, pero también es mucho más que eso. La Biblia es la vida y el poder de Dios para aquellos que creen y actúan sobre ella.

> *Porque no me avergüenzo de esta Buena Noticia sobre Cristo. Es el poder de Dios en acción, salvando a todo el que cree, primero al judío, y también al gentil* (Romanos 1:16, NLT).

Pablo dijo que la Biblia es el poder, el *dunamis* (en griego), la capacidad y la fuerza de Dios. Agrega que es el poder y la habilidad de Dios obrando en favor de todo aquel que cree.

Esta fue la clave que me perdí mientras crecía en la iglesia. Creí en Jesús y nací de nuevo. Estaba lleno del Espíritu y hablaba en lenguas. Incluso prediqué sermones y usé la Biblia como recurso. Lo cual me lleva al punto: mi Biblia era un recurso para mí—no una fuente de vida. Cuando mi Biblia se convirtió en mi fuente de vida, el poder de Dios fue liberado en ella, y mi Biblia, pasó a ser un arma poderosa.

Actuando sobre la Palabra

Le he pedido al Señor que me dé la capacidad de articular en términos sencillos la eficacia de animarte a creer y actuar según la palabra de Dios escrita. Te animo a que creas y actúes de acuerdo con lo que Jesús nos dejó en la Biblia como si se te apareciera y te lo dijera en persona.

Después de que Jesús se me apareció, los espíritus demoníacos no cesaron de atacar mi mente. Por una corta temporada los ataques disminuyeron, pero regresaron. Jesús no se presentó cada vez que estos pensamientos volvían. No, tenía que hacer algo al respecto. Tuve que resistir y soportar esos nuevos ataques, y la forma en que me mantuve libre fue creyendo, confesando y actuando en la Palabra de Dios.

El fracasado del diablo se aprovechó de mi falta de entendimiento durante años y meses. No fue una lucha justa. El sabía cosas que yo no, y me aprisionó por mi ignorancia.

> Cuando mi Biblia se convirtió en mi fuente de vida, el poder de Dios fue liberado en ella, y mi Biblia, pasó a ser un arma poderosa.

Cuando regresó para encerrarme otra vez con sus pensamientos aterradores y condenatorios, la lucha, de nuevo era desigual. Solo que esta vez, a mi favor.

Aquellos pensamientos acosadores que antes me atormentaban con miedo y paranoia perdieron su aguijón y su poder cuando respondí con la Palabra de Dios. Cada táctica, pensamiento, escena, recuerdo e imaginación que Satanás usaba con éxito contra se tornó impotente ante la Palabra de Dios que confesaba y meditaba diariamente.

Recuerde, la clave no es tener una Biblia, leerla periódicamente, o incluso conocerla muy bien. La Biblia solo se convierte en un arma y una defensa cuando la creemos y hacemos lo que dice.

> *Quien escucha mis enseñanzas y las sigue es sabio, como quien construye una casa sobre roca sólida. Aunque la lluvia descienda a raudales y se levanten crecientes de agua y los vientos golpeen contra aquella casa, no se derrumbará porque fue construida sobre un lecho de roca firme. Pero el que escucha mi enseñanza y no la obedece es un necio, semejante a quien construye una casa sobre la arena. Cuando vengan las lluvias y las inundaciones y los vientos azoten esa casa, colapsará con gran estrépito"* (Mateo 7:24-27, NLT).

Jesús nos dice que los cristianos pueden ser destruidos y arrastrados hacia la derrota mental y el desánimo emocional. De ninguna manera ser cristianos nos hace inmunes a las tormentas mentales o emocionales. Pero en Mateo 7, Jesús nos explicó que aunque las tormentas arrecien y los ataques lleguen, los que resisten y soportan el ataque de Satanás son aquellos que hacen lo que dice la Palabra de Dios. No basta con escuchar la enseñanza bíblica que se predica el domingo. Debemos actuar con base en ella y obedecerla.

La Palabra de Dios se convirtió en la fuerza impulsora predominante de mi vida. Leía la Biblia a diario y la memorizaba continuamente. Cuando los pensamientos de derrota y desánimo intentaban entrar en mi mente, me negaba a considerarlos. Por el contrario, citaba un versículo de la Biblia que había memorizado. A veces tenía que citar los versículos varias veces porque los pensamientos de acoso no cesaban en forma inmediata.

Escrituras para memorizar

Permíteme animarte a memorizar los siguientes versículos de tu Biblia. Se trata de los versículos que utilicé, y que me infundieron confianza en el poder de la Palabra de Dios. Leí y cité estos versículos diariamente hasta que se convirtieron en parte de mi ser.

> Hebreos 4:12 (NLT)—*Porque la palabra de Dios es viva y poderosa. Es más afilada que cualquier espada de doble filo, y penetra entre el alma y el espíritu, entre la articulación y la médula del hueso. Expone nuestros pensamientos y deseos más íntimos.*

> Mateo 24:35 (NLT)—*El cielo y la tierra desaparecerán, pero mis palabas nunca desaparecerán.*

> Lucas 4:32—*Y estaban asombrados de su enseñanza, porque su palabra era con autoridad.*

> Juan 6:63—*El Espíritu es el que da vida; la carne para nada aprovecha. Las palabras que les hablo son espíritu y son vida.*

> Juan 14:24—*El que no me ama, no guarda mis palabras; y la palabra que oyen no es mía, sino del Padre que me ha enviado.*

> Juan 8:51—*Les aseguro que si alguien guarda mi palabra, no verá la muerte jamás.*

> Juan 14:23—*Respondió Jesús y le dijo, "Si alguno me ama, guardará mi palabra; y mi*

Padre lo amará, y vendremos a él y haremos nuestro hogar con él."

1 de Juan 2:3—En esto sabemos que le conocemos, si guardamos sus mandamientos.

Salmos 119:89 (NLT)—Tu palabra eterna, Oh, Señor, permanece firme en el cielo.

Isaías 40:8 (NLT)—La hierba se seca y las flores se marchitan, pero la palabra de nuestro Dios permanece para siempre.

1 de Pedro 1:25 (NLT)—Pero la palabra del Señor permanece para siempre. Y esa palabra es la Buena Nueva que se les ha predicado.

Jeremías 15:16 (NLT)—Cuando descubrí tus palabras, las devoré. Son mi alegría, y el deleite de mi corazón, porque llevo tu nombre, Señor Dios de los ejércitos celestiales.

2 de Timoteo 3:16 (NLT)—Toda la escritura está inspirada por Dios y es útil para enseñarnos lo que es verdad y para hacernos ver lo que está mal en nuestra vida. Nos corrige cuando nos equivocamos y nos enseña a hacer lo correcto.

Salmos 119:11 (NLT)—He guardado tu palabra en mi corazón, para no pecar contra ti.

Colosenses 3:16—Que la palabra de Cristo habite en ustedes ricamente con toda sabiduría, enseñándose y amonestándose unos a otros con salmos e himnos y cánticos espirituales, cantando con gracia en sus corazones al Señor.

Salmos 19:8 (NLT)—Los mandamientos del Señor son rectos y alegran el corazón. Los mandatos del Señor son claros y dan una visión de la vida.

Salmos 119:105 (NLT)—*Tu palabra es una lámpara para guiar mis pies y una luz para mi camino.*

2 de Pedro 1:18-19 (PHILLIPS)—*Realmente oímos esa voz que hablaba desde el cielo mientras estábamos con él en la montaña sagrada. ¡La palabra de la profecía se cumplió al oírla! Deben prestar mucha atención a esa palabra, pues brilla como una lámpara en medio de toda la suciedad y la oscuridad del mundo hasta que amanezca, y la estrella de la mañana se alce en sus corazones .*

Salmos 119:97 (NLT)—*¡Oh, cómo amo tus instrucciones! Pienso en ellas todo el día.*

Salmos 33:4 (NLT)—*Porque la palabra del Señor es verdadera y podemos confiar en todo lo que hace.*

Salmos 107:20 (NIV)—*Envió su palabra y los sanó; los rescató de la tumba.*

Salmos 119:77 (NLT)—*Rodéame de tus tiernas misericordias para que pueda vivir, pues tus instrucciones son mi deleite.*

Salmos 119:145-148 (NLT)—*¡Oro con todo mi corazón; respóndeme, Señor!*

Obedeceré tus decretos. Clamo a ti; rescátame, para que obedezca tus leyes. Me levanto temprano, antes de que salga el sol; clamo por ayuda y pongo mi esperanza en tus palabras.

Me quedo despierto toda la noche pensando en tu promesa.

Cada uno de estos versículos me ayudó a ver la importancia de la Palabra de Dios mientras luchaba por mi vida mental.

Permíteme alentarte a releer el último pasaje del salmo 119:145-148, escrito por David, y a visualizar tanto la desesperación que experimentó como la esperanza que lo mantenía expectante. Al leer estos versículos, pude conectarme con el rey David. Mientras yo pasaba por un infierno mental y emocional, oraba con todo mi corazón y clamaba a Dios por ser rescatado con cada fibra de mi ser. Día tras día miraba la salida del sol, clamando por la ayuda divina para poder superar otra jornada. Las noches eran lo peor, pues los pensamientos y las imágenes de muerte inundaban mi mente. Podía identificarme con la desesperanza que experimentaba David.

Pero entonces me di cuenta de que David no se detuvo por causa de su desánimo y desesperanza. David tenía una meta aún en medio de su dolor— creer y obedecer la Palabra de Dios. Obedecer la Palabra de Dios *era* su esperanza. *Era* su rescate, y su liberación.

Años más tarde te estoy escribiendo a ti, porque la Palabra de Dios que memoricé y deposité en mi corazón acabó por rescatarme de los ataques mentales de Satanás. Las visitas que recibí del Señor en medio de nuestra intimidad me ayudaron tremendamente, pero fue la Palabra del Señor—mi Biblia, que abracé a diario— lo que me mantuvo libre por muchos años. ¡La Palabra de Dios hará lo mismo por ti!

Aquí hay otros versículos que jugaron un papel importante en mi vida. Estos versículos me hicieron comprender el poder de la Palabra de Dios y la necesidad de que permanezca en mí. A medida que se convirtieron en mi fuente de vida, los pensamientos atemorizantes y de condenación que me habían dominado por años perdieron todo control sobre mi mente y acciones.

Efesios 1:17-23—*Para que el Dios de nuestro Señor Jesucristo, el Padre de gloria, les dé espíritu de sabiduría y de revelación en el conocimiento de Él, iluminando los ojos de su entendimiento a fin de que sepan cuál es la esperanza de su llamamiento, cuáles las riquezas de la gloria de su herencia en los santos, y cuál es la supereminente grandeza de su poder para con nosotros los que creemos, según la acción de su fuerza poderosa que obró en Cristo, resucitándole de los muertos y sentándole a Su diestra en los lugares celestiales, muy por encima de todo principado, poder, fuerza y dominio, y de todo nombre que se menciona, no solo en este siglo, sino también en el venidero. Y sometió todas las cosas bajo Sus pies y le dio como cabeza de todas las cosas a la Iglesia, la cual es Su cuerpo, la plenitud de Aquel que lo llena todo en todos.*

Efesios 3:14-20—*Por eso doblo mis rodillas delante del Padre de nuestro Señor Jesucristo, de quien procede toda la familia del cielo y de la tierra, para que les conceda, según las riquezas de su gloria, ser fortalecidos con poder por su Espíritu en el hombre interior, a fin de que Cristo habite en sus corazones por medio de la fe; para que, arraigados y cimentados en amor, sean capaces de comprender con todos los santos cuál es la anchura, la longitud, la profundidad y la altura del amor de Cristo que sobrepasa todo conocimiento; de modo que sean llenos de toda la plenitud de Dios. Y a Aquel que es capaz de hacer todas las cosas mucho más abundantemente de lo que pedimos o entendemos, según el poder que obra en nosotros...".*

Proverbios 30:5 (NLT)—Cada palabra de Dios resulta ser verdadera. Él es un escudo para todos los que acuden a Él en busca de protección.

Eclesiastés 8:4—Donde está la palabra de un rey, está el poder....

Efesios 6:17 (NLT)—Pónganse la salvación como casco, y tomen la espada del Espíritu, que es la Palabra de Dios.

1 de Tesalonicenses 2:13 (NLT)—Por eso, nunca dejamos de agradecer a Dios que cuando recibieron Su mensaje de parte nuestra, no pensaron en nuestras palabras como meras ideas humanas. Aceptaron lo que dijimos como la misma Palabra de Dios, que, por supuesto, lo es. Y esta palabra sigue actuando en ustedes, los que creen.

Santiago 1:21 (NLT)—Así que desháganse de toda inmundicia y de la maldad en sus vidas, y acepten humildemente la palabra que Dios ha plantado en sus corazones, porque tiene el poder de salvar sus almas.

Memoricé estos versículos hace muchos años en mis horas más oscuras. No obstante, estos mismos textos surgen hoy en mí, cuando los ataques al pensamiento tratan de distraer y cautivar mi mente.

Sembrar hoy, cosechar mañana

Hace algunos años, sentado en el aeropuerto de Houston para tomar un vuelo de conexión a Tulsa, Oklahoma, vi al pastor John y a Dodie Osteen caminando por el pasillo. Él era el pastor de la gran iglesia Lakewood en Houston y padre del célebre autor Joel Osteen. Le di un golpecito a Amanda y le dije: "Mira, ahí va el pastor John y Dodie Osteen". Lo veía por televisión todos los domingos en la noche. A mis ojos era el principal pastor de los pastores. Un hombre de fe, pasión, e integridad. Una de las vidas más grandes de las que tenía conocimiento, alguien que admiraba y anhelaba conocer algún día.

No pude dejar de mirarlo mientras se acercaban. Amanda y yo volábamos en una aerolínea comercial y esperábamos nuestro vuelo en la puerta de embarque. Le dije a Amanda que seguramente se dirigían hacia la puerta donde la gente guarda sus aviones privados. Pero, para mi sorpresa, aminoraron el paso y se dirigieron a la zona de embarque donde nos encontrábamos y se sentaron frente a nosotros. No podía creerlo. El mundialmente conocido John Osteen volaba en el mismo avión que yo. Intenté no mirar, pero no pude evitarlo.

Al cabo de unos minutos, supongo que se dio cuenta de que me tenía que esforzar para no mirarlo, así que me sonrió. Avergonzado, le devolví la sonrisa y bajé la cabeza.

Amanda dijo: "¡Es tu oportunidad! Acércate a él, dile lo mucho que admiras su ministerio".

"Pero no quiero molestarlo", respondí.

"Es la mejor oportunidad que tendrás en la vida", insistió.

Necesité un par de minutos más, al cabo de los cuales me armé de valor para acercarme y presentarme. Le conté que me encantaba su ministerio y cómo lo seguía cada noche dominical desde Tennessee. Para mi sorpresa, me pidió que me sentara a su lado, y me preguntó por mi iglesia y mi vida. Durante los quince minutos siguientes, estuve en el cielo, escuchando cada palabra que compartía.

Nuestra conversación se interrumpió cuando el asistente del mostrador llamó para anunciar el abordaje de nuestro vuelo. Estreché su mano y le dije una vez que apreciaba su labor y que estaba muy agradecido por haberlo conocido. Subimos al avión y, como no éramos los primeros cien pasajeros sentados, tuvimos que ocupar los asientos disponibles en la parte trasera del avión. Mientras la aeronave despegaba, continuaba inmerso en mi charla con el pastor Osteen. Incluso empecé a escribir algunas notas de las cosas que compartió porque no quería olvidarlas.

El avión alcanzó nuestra altitud de crucero y el piloto habló por el intercomunicador informando a los pasajeros que podían desplazarse por la cabina si lo requerían. Un minuto o dos más tarde, levanté la vista y vi al pastor Osteen caminando por el pasillo hacia la parte trasera del avión, donde estábamos sentados.

Le di un codazo a Amanda: "Mira, ahí viene de nuevo el pastor Osteen. Seguro va al baño".

"Eddie, la gran mayoría de la gente tiene que ir al baño en algún momento del día", contestó ella riendo. Cuando me di cuenta de lo tonto que había sido mi comentario y la cara que debí poner, ambos soltamos una carcajada.

Al pasar por nuestra fila, en lugar de seguir de largo, el pastor se detuvo y dijo, "Eddie, ¿ tendrías unos minutos más para hablar?"

Quedé atónito y solo atiné a asentir con la cabeza.

"Agáchate un poco" dijo el pastor Osteen y se sentó en el reposabrazos de mi asiento del pasillo. Por casi diez minutos estuvo compartiéndome algunas cosas de su ministerio. Esas contadas cosas de las que habló todavía resuenan en mi corazón y en mi mente muchos años después.

Me dijo algo en particular que nunca se borró de mi memoria. Pienso en ello continuamente, porque he comprobado en forma reiterada cuán cierto es. Dijo: "Eddie, si pones la Palabra de Dios en tu corazón cuando no la necesitas, el Espíritu Santo será fiel para sacarla de ahí cuando lo necesites."

La memorización de las Escrituras ha sido la mejor arma que haya podido descubrir contra los ataques de ansiedad, los pensamientos desbocados y el acoso de mi mente por el miedo y la duda.

El pastor Osteen ya partió al cielo, pero ese día, en el avión me dijo una verdad que me ha ayudado inmensamente a lo largo de los años. La memorización de las Escrituras ha sido la mejor arma que haya podido descubrir contra los ataques de ansiedad, los pensamientos desbocados y el acoso de mi mente por el miedo y la duda.

En los días buenos, en los que mi mente no estaba bajo ataque, aprendí a dedicar una parte de mi devocional a la memorización de las Escrituras. Me tomaba un tiempo y memorizaba un versículo por semana. No requería mucho esfuerzo, y los beneficios para mi vida eran inmensos.

Asombrosamente, nunca fallaba. En los días difíciles, cuando la ansiedad trataba de invadir mi mente y el miedo intentaba permear mis pensamientos, el Espíritu Santo siempre sacaba a relucir un versículo que había memorizado. Ese versículo era como una espada que se levantaba desde el interior y cortaba el engaño y el temor con los que el diablo intentaba someterme.

> *Además de todo esto, sostén el escudo de la fe para detener las flechas de fuego del diablo. Ponte la salvación como casco, y toma la espada del Espíritu, que es la palabra de Dios* (Efesios 6:16-17, NLT).

Una vez que tu Biblia, la mismísima palabra de Dios, se convierta en tu fuerza vital, depositada en tu mente y corazón, se volverá también un arma poderosa que destruirá la ansiedad, el miedo, y toda táctica de Satanás.

Satanás odia ser ignorado

Durante la temporada en que luché contra los implacables ataques a mis pensamientos, aprendí cómo la resistencia que oponemos a Satanás puede ser más efectiva. Acompáñame a descubrir un maravilloso versículo, conocido por la mayoría de cristianos, que nos hace una promesa justo en ese sentido.

> *Así que humíllense ante Dios. Resistan al diablo, y huirá de ustedes* (Santiago 4:7, NLT).

Según el diccionario de Vine, la palabra *resistir* en el griego original es *antitasso*. El término tiene muchos significados posibles, dependiendo de la forma como se utilice la palabra. Una manera denota "oponerse o enfurecerse en la batalla contra…". Conlleva, de este modo, la idea de un comportamiento agresivo.[7]

...Después de que Silas y Timoteo bajaron de Macedonia, Pablo se dedicó de lleno a predicar la palabra. Testificaba a los judíos que Jesús era el Mesías. Pero cuando se opusieron a él y lo insultaron, Pablo se sacudió el polvo de su ropa y dijo: "Vuestra sangre está sobre vuestra propia cabeza—soy inocente. A partir de ahora iré a predicar a los gentiles" (Hechos 18:5-6, NLT).

La palabra *oponerse* en Hechos 18, es la misma que se usa como *resistir* en Santiago 4. Nótese que la multitud mostraba un comportamiento hostil y agresivo con Pablo. Este es el significado en el que muchos de nosotros pensamos cuando nos llega a la mente el concepto de resistir al diablo. Pensamos en un comportamiento agresivo hacia él. A menudo mientras oramos pensamos en guerrear, en atar o perder, y usar nuestra autoridad sobre el diablo de manera agresiva.

Sin duda la resistencia con agresividad es una verdad maravillosamente eficaz, y un principio que necesitamos ejercitar en nuestras vidas. Pero también hay ocasiones en las que no podemos detenernos en medio de lo que estamos, o en el lugar donde nos encontramos, para reprender al diablo. ¿Qué hacer entonces?

No pocas veces estuve sentado en medio de un servicio religioso cuando los pensamientos más horribles y atormentadores llegaron a bombardear mi mente. Como una ametralladora que dispara frenéticamente, los pensamientos acosadores atacaban con todo, tratando de distraerme del servicio o de la lección bíblica que se estaba enseñando. En ese momento, no podía hacer lo que haría en mi tiempo de oración. Comenzar a reprender al maligno a voz en cuello en medio del servicio no era opción. De hacer algo así, ¡definitivamente me hubieran sacado en camisa de fuerza!

También he estado en compañía de amigos o miembros de la familia cuando un pensamiento impuro o maligno se atravesó en mi mente. No podía simplemente citar las Escrituras en voz alta o pronunciar un convencido: "Te resisto en el nombre de Jesús!". Eso hubiese sido confuso, fuera de lugar, y sabemos que la confusión no proviene de Dios. Entonces, ¿cómo debía ejercitar la resistencia en esas situaciones?

Hace varios años, estaba sentado en una reunión de alto nivel con los líderes de la organización a la que estaba afiliado. Me encontraba allí en representación de todas las iglesias y ministerios de nuestro estado. La reunión comenzó a las nueve de la mañana, y a las nueve de la noche mi parte estaba hecha. El evento se prolongó, pero yo había tenido suficiente. Mi mente estaba agotada y mi cuerpo cansado. Estar sentado en la misma silla por doce horas con solo un corto receso de descanso me había pasado factura.

Sin previo aviso, un pensamiento odioso y acusador acerca del ministro en el podio pasó como un relámpago por mi mente. Así que, lo siguiente que pensé fue: *"¡Pero si me cae bien ese tipo!". ¿De dónde vino ese pensamiento?* De repente, otra idea horrenda sobre la organización que estaba representando vino a mi mente. Entonces se asomó como un leve destello un pensamiento que no consentía en años: *"Tienes que volver a tu habitación y terminar con tu vida".*

Cuando eso ocurrió, me levanté inmediatamente, listo para reaccionar con un: "¡Satanás, te reprendo! Sal de mi mente!" Pero caí en cuenta de dónde estaba, y de cuántas personas había a mi alrededor. ¿No habría sido un papelón si resisto el ataque del enemigo en forma agresiva y a todo volumen? En lugar de eso, me senté con toda calma y una sonrisa en la cara. Recogí mi cuaderno, los artículos de la conferencia, me volví hacia el ministro que estaba sentado a mi lado y le dije que ya había tenido suficiente por un día y que me retiraba a mi habitación.

Al pasar junto a otros colegas y amigos me detuve, estreché su mano y les dije que nos veríamos al día siguiente, o les di una palmada en el hombro mientras salía. Mientras abandonaba el salón de conferencias, empecé a tararear la clásica canción "Hay poder en la sangre de Jesús". Cuando llegué a mi habitación, mi mente estaba renovada. Caminaba a buen paso, con energía suficiente, y lo más importante, esos horribles pensamientos se habían evaporado. Hasta el día de hoy, no he vuelto a enfrentar otra situación como esa.

No me resistí al diablo de forma agresiva, pero lo hice de todos modos. Y él huyó. Satanás no soporta cuando no es el centro de atención.

En público, tuve que aprender el poder de la resistencia pasiva, lo que significa simplemente que ignoré los pensamientos atormentadores. He aprendido que Satanás no puede leer mi mente. Si bien él sabe qué pensamientos ha disparado a mi mente, no tiene idea de si esos pensamientos encontraron refugio o una "cabeza de playa" dónde atrincherarse. La única manera de establecer si sus pensamientos han dado en el blanco es por medio de mis palabras y acciones.

Otro significado de la palabra *resistir* es: "aguantar, oponerse, prevalecer". En síntesis, la noción de "mantenerse firme". No necesariamente un comportamiento agresivo contra algo sino más bien adoptar una postura y negarse a ser movido.[7]

Al ignorar los pensamientos negativos, atormentadores y que siembran dudas, estamos ejerciendo una resistencia pasiva. Nos mantenemos firmes y resistimos al diablo. Cuando los pensamientos impíos o de temor tratan de invadir nuestras mentes, los resistimos *no actuando* en función de ellos , *no pensando* en ellos, y *no hablando* como ellos. ¿Qué promete la Palabra de Dios que sucederá cuando resistamos al diablo? Él huirá. No dice que tal vez huya; dice que *huirá*.

Actualmente, todavía hay momentos en que pensamientos malsanos e intimidantes tratan de invadir mi mente. En lugar de correr a mi lugar privado donde ejercito la oración de guerra cada vez que surge un mal pensamiento, he aprendido a resistirlo, simplemente ignorándolo. Satanás odia el rechazo. Cada vez que no le prestamos atención a sus evidentes intentos por acosarnos, lo desarmamos un poco más en lo que respecta a nuestras vidas.

> Cada vez que no prestamos atención a los evidentes intentos del diablo por acosarnos, lo desarmamos un poco más, en lo que respecta a nuestras vidas.

ARMA# 2—El nombre de Jesús

Como me crie en la iglesia, toda mi vida me habían advertido sobre el carácter sagrado del nombre de Dios, y del peligro de tomar el nombre del Señor en vano (Éxodo 20:7). Incluso crecí comprendiendo la necesidad de cerrar mis oraciones en el nombre de Jesús, de acuerdo con Juan 16:23-24. Aún así, mi comprensión del valor del nombre de Jesús continuaba siendo bastante limitada.

Siempre supe que se trataba de un nombre especial, que merecía honor, respeto, y que investía con autoridad. Pero no fue hasta que me convertí en prisionero del miedo que descubrí que el nombre de Jesús es mucho más que un título al que debamos respeto. El nombre de Jesús también es una poderosa arma espiritual a nuestra disposición.

Una escena en particular de la visitación, cuando Jesús se presentó en mi refugio íntimo, quedó grabada en mi memoria; la imagen de las criaturas con aspecto de monos (demonios) acurrucados en un rincón. Cada vez que Jesús los miraba, se estremecían de miedo. Su temor era tan palpable, que podía ver el pelo erizado de sus cuerpos temblorosos.

Durante su visita, Jesús no les habló a los demonios, no los reprendió, ni los ahuyentó. No, Jesús simplemente los miró. En Su presencia, los demonios eran impotentes. La presencia de Jesús—su sola mirada—los reducía.

A lo largo de los años, me han preguntado varias veces por qué creía que Jesús no hizo ni dijo algo respecto a los demonios que me perturbaban. Sinceramente, poco después de la visita, me hice la misma pregunta. Cuando los pensamientos atormentadores y acosadores comenzaron de nuevo, esperaba que Jesús reapareciera y se encargara de la situación como lo había hecho antes. Bien, no lo hizo.

Fue durante otro de esos ataques avasallantes que recordé lo que Jesús me dijo ese día. Después de sacar de mi cabeza las pancartas con los pensamientos atormentadores, Jesús señaló a la esquina de la habitación y a las dos criaturas parecidas a monos diciendo: "Eddie, ahí está tu problema!".

El Señor me indicó con total claridad que esos dos demonios eran mi problema. Incluso estando a mi lado, Jesús no hizo nada respecto a ellos. ¿Por qué? Porque Él *ya* los había derrotado.

Así que ustedes también están completos a través de su unión con Cristo, quien es la cabeza de todo gobernante y autoridad. Cuando vinieron a Cristo, fueron "circuncidados," pero no por un procedimiento físico. Cristo realizó una circuncisión espiritual: la extirpación de su naturaleza pecaminosa. Pues fueron sepultados con Cristo cuando se bautizaron. Y con él fueron resucitados a una nueva vida, debido a que confiaron en el gran poder de Dios, quien resucitó a Cristo de entre los muertos. Ustedes estaban muertos a causa de sus pecados, y porque su naturaleza pecaminosa aún no había sido cortada. Entonces Dios les dio vida, al perdonar todos nuestros pecados. Él anuló el acta con los cargos que había en contra nuestra y lo eliminó, clavándolo en la cruz. De este modo, desarmó a los gobernantes y autoridades espirituales. Los avergonzó públicamente con su victoria sobre ellos en la cruz (Colosenses 2:10-15, NLT).

Pablo dijo que estamos "unidos" a Cristo quien es el soberano o cabeza sobre todo gobernante y autoridad. Por lo tanto, ya que estamos unidos a Cristo, también debemos gobernar sobre las autoridades demoníacas. El apóstol también expuso cómo recibimos nuestra autoridad divina. Cuando Jesús murió en la cruz, perdonó, canceló y eliminó los cargos y acusaciones que hubo en contra nuestra, lo que también significa que desarmó y dejó sin efecto la condena que Satanás ha usado para engañarnos.

Jesús avergonzó a los gobernantes y autoridades demoníacas mediante su victoria en la cruz. Esa es la razón por la que los demonios estaban tan asustados con Él durante la visita que me hizo. Reconocieron a Aquel que los derrotó y avergonzó. Tenían miedo incluso de mirarlo, así que hundieron sus cabezas de inmediato.

Veamos en el siguiente pasaje una historia de la autoridad de Cristo sobre Satanás antes de su muerte y resurrección. Los discípulos de Jesús habían regresado de ministrar en las ciudades y aldeas, y estaban entusiasmados porque los demonios les obedecían. Los discípulos podían expulsarlos, y ayudar a la gente a ser libre.

> *Entonces los setenta regresaron gozosos, diciendo: "Señor, hasta los demonios se nos sujetan en tu nombre". Y Él les dijo: "He visto a Satanás caer del cielo como un rayo. He aquí, les doy autoridad para hollar serpientes y escorpiones, y sobre toda fuerza del enemigo, y nada los dañará* (Lucas 10:17-19).

Mira de nuevo la primera frase y encontrarás un elemento clave. Según vemos, los discípulos descubrieron que los demonios se sometían a ellos cuando usaban el nombre de Jesús. Los demonios estaban sujetos a los discípulos, no propiamente por lo que ellos representaran como autoridad aquí. Les obedecían cuando estaban armados con el nombre de Jesús.

> El nombre de Jesús es todopoderoso en ambos mundos: el cielo y la tierra.

Piensa en esta historia. Jesús y Satanás estaban juntos en el cielo. Satanás se rebeló y Dios lo echó de allí. Satanás vino a la tierra, engañó a la humanidad y se convirtió en el dios de este mundo. Jesús apareció en la tierra, nacido de una mujer. La autoridad ejercida en el cielo sobre Satanás permaneció vigente cuando el nombre de Jesús se utilizó en la tierra. El nombre de Jesús es todopoderoso en ambos mundos: el cielo y la tierra. Eso hace que Satanás sea doblemente perdedor en ambos mundos—cielo y tierra.

Pedro y Juan poseen el nombre de Jesús

La vida y el ministerio de Pedro fueron contrastantes en varios momentos, por decir lo menos. Solía hablar "a lo grande" y con valentía en una pequeña compañía de amigos, o en presencia de Jesús. Pero cuando fue confrontado y amenazado por los romanos que capturaron a su maestro, su coraje se fue.

> *En el camino, Jesús les dijo: 'Esta noche todos ustedes me abandonarán. Porque las Escrituras dicen: "Dios herirá al Pastor, y las ovejas del rebaño serán dispersadas". Pero cuando haya resucitado de entre los muertos, iré delante de ustedes a Galilea y los encontraré allí'. Pedro declaró: "Aunque todos los demás te abandonen, yo nunca te abandonaré". Jesús replicó: "Te aseguro, Pedro que esta misma noche, antes de que cante el gallo, negarás tres veces que me conoces". "¡No!" insistió Pedro. "Aunque tenga que morir contigo, nunca te negaré!" Y todos los demás discípulos juraron lo mismo (Mateo 26:31-35, NLT).*

Jesús les dijo a sus discípulos que sería traicionado esa noche y que todos ellos lo abandonarían. Pedro, siendo grande, bullicioso y valiente, declaró audazmente que aunque todos negaran a Jesús, él nunca lo negaría. Jesús respondió a Pedro y le dijo que lo negaría tres veces en solo pocas horas, antes de que el gallo cantara. Sin saber cuándo mantener la boca cerrada, Pedro declaró:

"¡Aunque tenga que morir contigo, nunca te negaré!". Y todos los discípulos juraron lo mismo.

Pedro no fue el único que dijo que nunca negaría a Jesús; cada uno de los discípulos se unió a la conversación con declaraciones de audacia, lealtad y valor. Desgraciadamente, su valor se desvaneció rápidamente cuando Jesús fue arrestado un par de horas más tarde en Getsemaní y se lo llevaron los guardias. Los discípulos lo siguieron a distancia, y la palabra de Jesús respecto a Pedro se cumplió al pie de la letra.

> *Mientras tanto, Pedro estaba sentado afuera, en el patio. Una sirvienta se le acercó y le dijo: "Tú eras uno de los que estaban con Jesús, el galileo". Pero Pedro lo negó delante de todos. "No sé de qué me hablas" dijo. Más tarde, junto a la puerta, otra sirvienta se fijó en él y dijo a los que estaban alrededor: "Este estuvo con Jesús de Nazareth". De nuevo Pedro lo negó, esta vez con juramento. "Ni siquiera conozco al hombre", dijo. Un poco más tarde, algunos de los otros transeúntes se acercaron a Pedro y le dijeron: "Tú debes ser uno de ellos; lo sabemos por tu acento galileo." Pedro juró:*

> *"Que me maldigan si miento—¡no conozco al hombre!". E inmediatamente el gallo cantó. De repente, las palabras de Jesús pasaron por la mente de Pedro: "Antes de que cante el gallo, negarás tres veces que me conoces". Y él se fue llorando amargamente (Mateo 26:69-75, NLT).*

Pedro había recibido revelación sobre la deidad de Jesús que los demás discípulos no tuvieron. Caminó sobre el agua con Jesús, fue testigo de la curación de los enfermos y de la resurrección de los muertos. De primera mano, Pedro vio a Jesús realizar alimentaciones milagrosas y calmar tormentas con sus palabras. Con todo, Pedro negó conocerlo cuando fue confrontado por una sirvienta. El audaz pescador se alejó destrozado, dándose cuenta de que las palabras de Jesús acerca de él se habían hecho realidad.

Pero la historia de Pedro no termina ahí. Unos días más tarde, durante la celebración de Pentecostés, Pedro estaba reunido con otros esperando, porque Jesús les había enseñado sobre una promesa aún por venir. Súbitamente y sin previo aviso, un depósito espiritual—ser llenos con el Espíritu Santo—se efectuó en sus vidas. Como resultado, los que esperaban en el aposento alto comenzaron a hablar en idiomas que nunca habían aprendido. Este fenómeno creó tal revuelo que miles de personas se apresuraron a acudir al lugar donde se estaba produciendo este acontecimiento sobrenatural. Mientras los espectadores se burlaban y cuestionaban lo que estaba ocurriendo, Pedro, *el que lo había negado*, se levantó con renovada audacia y coraje, y predicó sobre Jesús y el poder del Espíritu Santo que acababan de recibir.

Unos días después de los eventos ocurridos en Pentecostés, Pedro y Juan fueron al templo. Esta era la misma área donde Jesús había expulsado antes a los cambistas, causando un gran revuelo. La misma zona donde Pedro huyó de la sirvienta que lo reconoció como seguidor de Jesús. Pero esta vez, Pedro y Juan no tenían miedo, ni lo negaban, ni se escondían. La Biblia nos dice que llegaron a la hora de la oración, exactamente cuando la gran multitud de adoradores estaba presente.

Retomamos la historia en Hechos 3.

Pedro y Juan fueron al templo una tarde para participar en el servicio de oración de las tres. Mientras se acercaban al templo, llevaban a cuestas a un hombre cojo de nacimiento. Cada día lo dejaban junto a la puerta del templo llamada Puerta Hermosa para que pudiera mendigar a la gente que entraba. Cuando el hombre vio a Pedro y a Juan a punto de entrar, les pidió algo de dinero (Hechos 3:1-3, NLT).

Cada vez que leo esta historia, recuerdo un divertido juego de palabras que escuché a un predicador. La versión King James dice: "Pedro y Juan subieron juntos al templo a la hora de la oración, que era la hora novena. Y llevaban a un hombre cojo desde el vientre de su madre, al que ponían cada día a la puerta del templo, que se llama Hermosa, para que pidiera limosna a los que entraban al templo; los cuales, viendo que Pedro y Juan iban a entrar al templo, pedían limosna" (Hechos 3:1-3).

Este pastor rural estaba predicando su mensaje sobre el cojo de la puerta llamada La Hermosa. Sin pausa dijo: "¿No es interesante que el cojo pidiera limosna y en cambio recibiera piernas? ¡Aleluya! Dios obra de formas misteriosas". Esta no es la interpretación correcta de esta historia, pero aun así, no deja de ser memorable.

Volviendo con la historia de Pedro y Juan, al entrar al templo se cruzaron con una persona lisiada, que cada día era llevada al mismo lugar para mendigar dinero. Cuando pidió limosna a Pedro y Juan, esta fue la respuesta que obtuvo:

Pedro y Juan lo miraron atentamente, y Pedro dijo: "¡Míranos!". El hombre cojo los miró con impaciencia, esperando algo de dinero. Pero Pedro dijo: "No tengo plata ni oro para ti. Pero te daré lo que tengo. En el Nombre de Jesucristo, el nazareno, ¡levántate y camina! Entonces Pedro tomó por la mano derecha al hombre cojo y lo ayudó a levantarse. Y mientras lo hacía, los pies y los tobillos del hombre fueron curados y fortalecidos al instante. ¡Se incorporó de un salto y, una vez sobre sus pies, comenzó a caminar! Luego, caminando, saltando y alabando a Dios, entró en el templo con ellos. Todo el pueblo lo vio caminar y lo oyó alabar a Dios (Hechos 3:4-9, NLT).

Pedro respondió a este hombre lisiado que no tenían dinero, pero que lo que podían ofrecerle, se lo darían con gusto. Acto seguido le indicaron que, en el nombre de Jesucristo, se levantara y caminara. Pedro y Juan estaban llenos de audacia desde el día de Pentecostés, se encontraban completamente equipados, y llevaban el poderoso nombre de Jesús como su más preciada posesión.

A lo largo de los años, he escuchado a personas que tratan de explicar esta historia como "no aplicable" para nosotros hoy, atribuyendo la razón de que el hombre fuera curado a que Pedro y Juan oraron por él. Argumentan que Pedro y Juan eran apóstoles, y que los apóstoles tienen un poder natural con el que no todos cuentan. Es cierto que hay investiduras y dones que los apóstoles ejercen con más frecuencia que otros oficios en el cuerpo de Cristo, pero Pedro y Juan declararon abiertamente que no fueron sus dones de apóstol los que sanaron al hombre. También dejaron en claro que no tuvo nada que ver su santidad o poder personal.

Sigamos leyendo:

Todos salieron corriendo asombrados hacia la columnata de Salomón, donde el hombre se aferraba a Pedro y Juan. Pedro vio su oportunidad y se dirigió a la multitud.

"Pueblo de Israel," dijo, "¿qué tiene de sorprendente esto? ¿Y por qué nos miran como si hubiéramos hecho caminar a este hombre por nuestro propio poder o por nuestra piedad?"(Hechos 3:11-12, NLT).

Pedro declaró con valentía lo que en realidad poseían y había traído sanidad al hombre lisiado.

Y Su nombre, por medio de la fe en Su nombre, ha fortalecido a este hombre a quien ven y conocen. Sí, la fe que viene por medio de Él le ha dado esta sanidad perfecta en presencia de todos ustedes (Hechos 3:16).

El apóstol confesó a la multitud que el nombre de Jesús y la fe en este nombre fue lo que hizo que el hombre cojo, que nunca había caminado en su vida, fuera sanado y caminara. La curación de este personaje produjo tal revuelo que Pedro y Juan fueron arrestados y llevados a la cárcel. Al día siguiente comparecieron ante el sumo sacerdote y otras personas que los interrogaron acerca del poder, o *el nombre* del que se valieron para traer esta sanidad.

Trajeron a los dos discípulos y les preguntaron: "¿Con qué poder, o en nombre de quién han hecho esto?". Entonces Pedro, lleno del Espíritu Santo, les dijo: 'Gobernadores y ancianos de nuestro pueblo, ¿se nos interroga hoy porque hemos hecho una buena obra en favor de un lisiado? ¿Quieren saber cómo fue sanado? Permítanme decirles claramente a todos ustedes y al pueblo entero de Israel que él fue sanado por el poderoso nombre de Jesucristo el nazareno, el hombre que ustedes crucificaron, pero al que Dios resucitó de entre los muertos. Porque Jesús es aquel a quien se refieren las Escrituras, al afirmar: "La piedra que rechazaron los edificadores se ha convertido en la piedra angular". ¡No hay salvación en ningún otro! Dios no ha dado ningún otro nombre bajo el cielo por el que podamos salvarnos' (Hechos 4:7-12, NLT).

Una vez más, ante los oficiales, Pedro declaró con el mismo arrojo que el poderoso nombre de Jesús era la causa de la sanidad. Luego, Pedro ahondó en el asunto, declarando que el nombre de Jesús es el más poderoso de la tierra. No hay ningún otro nombre—ni uno solo— con la autoridad o el poder que tiene el nombre de Jesús.

Después de escuchar este informe y de ser testigos de la sanidad del hombre lisiado, los líderes judíos se quedaron boquiabiertos y sin argumentos. Finalmente amenazaron a Pedro y a Juan y les advirtieron que nunca más hablaran o enseñaran en el nombre de Jesús. Sabían quién era Jesús y habían contribuido a que lo crucificaran. Sin duda el nombre de Jesús había sido pronunciado en sus conversaciones privadas. Pero cuando Pedro y Juan usaron el nombre de Jesús, lo sobrenatural tuvo lugar. Recuerda lo que dijo Pedro: "Es el nombre de Jesús y la fe en ese nombre".

Una vez puestos en libertad, Pedro y Juan regresaron al grupo de creyentes en Jerusalén y tuvieron una reunión de oración en la que volvieron a expresar su fe en el maravilloso y milagroso nombre de Jesús. No se abstuvieron de usar el nombre de Jesús sino que, por el contrario, oraron para que ocurriesen más milagros y sanidades por medio de ese nombre sobrenatural.

> *"Y ahora, Oh, Señor, escucha sus amenazas, y concédenos a tus siervos un gran denuedo para predicar tu palabra. Extiende tu mano con poder sanador; que se hagan señales milagrosas y prodigios en el nombre de tu santo siervo Jesús". Después de esta oración, el lugar de oración se estremeció, y todos fueron llenos del Espíritu Santo. Entonces predicaron la palabra de Dios con audacia (Hechos 4:29-31, NLT).*

Es de vital importancia que entendamos que *la fe en* este nombre también significa reverencia y respeto por el nombre de Jesús. No podemos usarlo con ligereza o en vano y luego esperar que tenga poder cuando lo necesitamos. Estas contadas historias trenzadas por el libro de los Hechos, revelan que la Iglesia primitiva creía en el poder del nombre de Jesús y dependía de él. Ellos también veían el nombre de Jesús como un arma, que les daba autoridad sobre Satanás y el pecado.

¡Detente! En el nombre de Jesús

Una amiga de la familia me llamó un día para decirme que su esposo la maltrataba verbal y físicamente. Habiendo conocido a esa persona por años, le pregunté si alguna vez había mostrado ese tipo de comportamiento. Me dijo que no y me explicó que en el pasado él se había enfadado y algunas veces dijo cosas desagradables, pero que nunca había

> No podemos usar el nombre de Jesús con ligereza o llamarlo en vano y luego esperar que tenga poder cuando lo necesitamos.

levantado la mano para dañarla físicamente. Mientras compartía esta información, me di cuenta de que estábamos tratando con un espíritu maligno que oprimía a su marido. No tuve tiempo de intentar averiguar qué puerta había abierto para permitir a ese espíritu opresor que entrara en su mente. En ese momento solo quería asegurarme de que ella se encontraba a salvo.

Me contó que había tratado de razonar con su marido, oró por él, le suplicó que se fuera, e incluso lo amenazó con dejarlo si no se detenía. Lamentablemente, no tenía a quién acudir. Se negó a llamar a la policía porque no quería que nadie se enterara de lo que pasaba. Consideró que si él quedaba expuesto, perdería su trabajo y eso lo llevaría al límite. Tenía miedo de que intentara matarla.

Vivíamos muy lejos, así que no podíamos llegar hasta ella rápidamente para ayudarla. Le dije que se mantuviera alejada de él hasta que pudiera averiguar bien cómo necesitaba actuar en este caso. Esa noche me desperté varias veces, sin poder conciliar el sueño de nuevo. Cuando empecé a orar temprano en la mañana, el Señor me habló y me dio la siguiente instrucción: 'Dile que esta tarde se pare en el umbral de la puerta y, que cuando él cruce el umbral, le apunte con el dedo en su misma cara, y le diga, en voz alta y con firmeza: "En el nombre de Jesús, le ordeno al espíritu que obra en ti, que se detenga y te deje libre".

Más tarde, esa misma mañana, me llamó de nuevo en busca de oración y consejo. Le transmití lo que el Espíritu me había dicho. Al principio, explicó que tenía miedo de hacerlo, que lo más probable era que él se burlara de ella y la noqueara. Pero una convicción audaz se apoderó de mí mientras hablaba con ella y le dije: "No podrá tocarte. El nombre de Jesús es mucho más poderoso que el espíritu maligno que manipula a tu esposo".

Tras unos minutos más de conversación, dijo que lo haría. Después de colgar, todo tipo de pensamientos atemorizantes intentaron invadir mi mente. Imágenes de él golpeándola o tirándola al suelo trataban de sembrar estrés y pánico en mí. Un par de veces tuve la tentación de llamarla ese día y decirle que olvidara el plan porque la duda quería robarse mi fe.

Cuando se acercaba la hora de llegada del marido a su casa, me recluí y oré, tomando autoridad sobre todos los espíritus malignos que estaban tratando de destruir a este hombre y a la familia de nuestra amiga. Pasó el tiempo en que normalmente llegaba a casa, y no escuché nada. Casi una hora después, mi teléfono sonó y contesté rápidamente. Al otro lado de la línea su voz trataba de hablarme, pero lloraba tan fuerte que era imposible entender lo que decía. El miedo se apoderó de mí y los demás pensamientos se agolparon en mi mente. *"¡Mira lo que hiciste!". "¡No funcionó!", "¡La ha golpeado!".*

"¿Estás bien? ¿Estás bien?", grité por el teléfono.

Después de una breve pausa, me dijo: "Sí, estoy bien." Entonces se recompuso lo suficientemente como para contarme lo que había pasado.

Me explicó que el miedo estuvo a punto de hacerla desistir, pero que no podía seguir viviendo con miedo.

"Así que me reuní con él en la puerta," continuó ella, "y mientras abría la contrapuerta me situé en el umbral, le apunté con el dedo y le grité: "¡Espíritu maligno que acosa a mi marido, déjalo ahora en el nombre de Jesús!'"

"Se quedó congelado como una estatua y no pudo decir nada", agregó. "Luego, solo un momento después, cayó de bruces en el umbral de la puerta, llorando y pidiéndome perdón".

Han pasado muchos años desde entonces, y siguen felizmente casados.

El poderoso nombre de Jesús es hoy posesión de la Iglesia. A medida que honramos, reverenciamos y creemos por fe en el nombre de Jesús, se convertirá en algo más que un nombre común. Pasará a ser un arma poderosa que derribará fortalezas en nuestras vidas.

Arma #3—La sangre de Jesús

La tercera arma que tenemos a nuestra disposición, a menudo se ha tratado de forma muy superficial o se ha malinterpretado, pero el poder de esta arma formidable se remonta a los hijos de Israel y su salida de Egipto. Nuestra tercera arma capaz de derribar fortalezas es la preciosa sangre de Jesús.

Mientras estaba exiliado en la isla de Patmos por su fe en Cristo Jesús, el apóstol Juan recibió una visión asombrosa a la que comúnmente nos referimos como el último libro del Nuevo Testamento: el libro del Apocalipsis. Durante esta revelación de Jesús y el fin de los tiempos, Juan también adquiere conocimiento sobre Satanás y sus tácticas. Miremos el siguiente pasaje:

> *Entonces hubo una guerra en el cielo. Miguel y sus ángeles lucharon contra el dragón y sus ángeles. Y el dragón perdió la batalla, y él y sus ángeles fueron expulsados del cielo. Este gran dragón, la serpiente antigua llamada diablo, o Satanás, el que engaña al mundo entero, fue arrojado a la tierra con todos sus ángeles. Entonces oí una fuerte voz que gritaba a través de los cielos: "Por fin ha llegado la salvación, y el poder y el reino de nuestro Dios, y la autoridad de su Cristo. Porque el acusador de nuestros*

hermanos y hermanas ha sido arrojado a la tierra, el que los acusa ante nuestro Dios día y noche" (Apocalipsis 12:7-10, NLT).

Juan relató la historia de una batalla celestial entre el arcángel de Dios, Miguel, y sus compañeros angelicales, en una guerra contra Satanás, llamado el dragón, y sus cómplices demoníacos. Miguel y sus ángeles colaboradores prevalecen en la batalla y expulsan a Satanás del cielo. La táctica de engaño de Satanás fue revelada, y él, derribado y arrojado a la tierra.

Una vez cayó el diablo, se hizo un anuncio en todo el universo, que reveló otra de sus tácticas: la condena. Obsérvese de nuevo la última parte del versículo 10. "Porque el acusador de nuestros hermanos y hermanas ha sido arrojado a la tierra, el que los acusa ante nuestro Dios día y noche"(NLT). El engaño del diablo fue expuesto; es el acusador de los cristianos y nos acusa continuamente delante de Dios.

> Crecí pensando erróneamente que la condenación y la culpa eran herramientas utilizadas por Dios para mantener a los cristianos a raya.

Una de las razones por las que Satanás pudo acceder fácilmente a mis pensamientos camuflado bajo la sugerencias *¡Debes estar poseído por el demonio!* y *¡Dios no te ama!* es que crecí pensando erróneamente que la condenación y la culpa eran herramientas utilizadas por Dios para mantener a los cristianos a raya.

Mi amigo Terry Law escribió esto en *El poder de la alabanza:*

> A la mayoría de nosotros se nos ha enseñado a pensar que Dios nos habla cuando nos

sentimos culpables y que el diablo nos adormece en un espíritu de complacencia cuando nos sentimos inocentes. Pensamos que la convicción es la acción de Dios haciéndonos sentir miserables.

La convicción significa simplemente que Dios nos muestra claramente nuestros pecados y nos exhorta a cambiar. La conciencia del pecado ha mantenido a muchos cristianos en la esclavitud durante años. Cada vez que alguien predica contra el pecado, dicen: "ese soy yo". Están conscientes constantemente de los efectos del pecado en su vida. Nunca han llegado realmente a la revelación con respecto a las realidades de la nueva creación.[8]

Si no lo hubiera sabido, habría pensado que Terry vivía en mi casa y asistía a mi pequeña iglesia. Crecí en un ambiente teológico en el que eras culpable hasta que se probaba tu inocencia. Aunque iba a la iglesia tres o cuatro veces por semana desde que nací, nunca escuché una enseñanza sobre nuestra "justicia" en Cristo Jesús. De hecho, no supe lo que significaba la palabra *justicia* hasta que me convertí en adulto.

Pasé mucho tiempo orando cuando era niño y adolescente, no necesariamente poque fuera espiritual, sino porque vivía con la sensación de que Dios estaba enfadado conmigo y que yo no le agradaba. Por eso el día en que me vino a la cabeza ese pensamiento tan canalla (*"Debes estar poseído"*) no fui capaz de oponer resistencia teológica. En cierto modo tenía sentido para mí, porque, como ya dije, creía que Dios estaba enfadado conmigo.

Aunque el libro del Apocalipsis identifica a Satanás como el acusador de los hermanos, la voz del cielo también nos dice claramente cómo los cristianos pueden vencer las acusaciones de Satanás.

> *Y lo han derrotado por medio de la sangre del Cordero y de su testimonio. Y no amaban tanto sus vidas como para tener miedo de morir* (Apocalipsis 12:11, NLT).

Si has estado en el mundo de la iglesia por un buen tiempo, has oído hablar de la sangre de Jesús. No obstante, muchos ven la sangre de Jesús solo como un ingrediente de la expiación de Cristo que pertenece al pasado, sin poder en la tierra en el tiempo presente. Otros solo piensan en la sangre de Jesús cuando toman la comunión en la Eucaristía, o cuando participan de la cena del Señor.

Pero la voz que sonó desde el cielo nos dice, a todos y cada uno, que vencemos al acusador llamado Satanás por medio de la sangre del Cordero y por nuestro testimonio. Nuestro testimonio de lo que la sangre de Jesús ha hecho por nosotros nos permite superar las acusaciones condenatorias de Satanás.

> Nuestro testimonio de lo que la sangre de Jesús ha hecho por nosotros nos permite superar las acusaciones condenatorias de Satanás.

La sangre de Jesús redime y perdona

En el libro de Efesios, el apóstol Pablo nos dice que nuestra redención fue comprada por la sangre de Jesús.

> *En él tenemos redención por su sangre, el perdón de pecados, según las riquezas de su gracia* (Efesios 1:7).

Según este versículo, tenemos dos maravillosos beneficios gracias a la sangre de Cristo. En primer lugar, la redención a través de su sangre. La palabra griega traducida como *redención* significa "liberados de nuestro pecado y con nuestra deuda cancelada". El término denota, literalmente, la idea de pagar por nuestro rescate.

> La sangre de Jesús no es un simbolismo histórico, sino la invaluable moneda que pagó el precio de nuestras vidas por una eternidad.

Y si invocan al Padre, que sin parcialidad juzga según la obra de cada uno, compórtense durante el tiempo que estén aquí en temor reverente; sabiendo que no fueron rescatados con cosas corruptibles como oro o plata de su vana manera de vivir, recibida por tradición de sus padres, sino con la preciosa sangre de Cristo, como de un cordero sin mancha y sin contaminación (1 Pedro 1:17-19).

La razón por la que la sangre de Jesús es tan poderosa, obedece al hecho de que pagó el precio de nuestra liberación. Legalmente, Satanás ya no tiene ningún dominio sobre un hijo de Dios. Hemos sido redimidos, o rescatados mediante la sangre de Jesús. No es un simbolismo histórico, sino la invaluable moneda que pagó el precio de nuestras vidas por una eternidad.

El apóstol Pablo declaró lo mismo al dirigirse a los pastores:

Por lo tanto, tengan cuidado de ustedes mismos y de todo el rebaño en que el Espíritu Santo los ha puesto como supervisores, para apacentar la Iglesia de Dios que Él compró con su propia sangre (Hechos 20:28).

En segundo lugar, tenemos el perdón a través de la sangre de Jesús, que el erudito griego Rick Renner aborda en su libro *Gemas brillantes del griego, volumen 2:*

> Cuando Pablo utilizó la palabra [*aphiemi* para *perdonar*] en Efesios 1:7 con el objeto de describir el perdón de los pecados, se refería a que Dios ha descartado nuestros pecados pasados de manera definitiva. Somos completamente libres de ellos. Nos los ha quitado de encima, de nuestra cuenta; los ha enviado lejos y nos ha liberado para siempre de ellos. La deuda que teníamos por transgresiones pasadas ha sido cancelada y Dios nos ha liberado de la culpa de esas acciones anteriores... [9]

Hubiera deseado saber esta verdad años atrás, cuando Satanás atormentaba mi mente. El diablo a diario me recordaba cada pecado que había cometido, acusándome por ello. Plagó mi mente con recuerdos de cosas pasadas en las que no había pensado en años. Pero ya no más, ¡alabado sea Dios! Mi testimonio, confesión y declaración diaria es que he sido redimido por la preciosa sangre de Jesús. Mis pecados han sido alejados de mí. Cuando el acusador viene a hostigar mi mente con mis fracasos y pecados pasados, sus acusaciones quedan sin efecto por lo que la sangre de Jesús logró por mí.

La sangre de Jesús es escudo y protección

La sangre de Jesús no solo nos proporciona un derecho legal para refutar las acusaciones de Satanás, sino que también nos sirve como escudo y protección. Los beneficios de la sangre se exponen claramente en el libro del Éxodo, desde el Antiguo Testamento. Los hijos de Israel eran esclavos de los egipcios y clamaron a Dios por su liberación. Dios envió a Moisés como libertador y le ordenó ir ante el Faraón para decirle que dejara ir al pueblo, de modo que pudiera adorar a su Dios. Pero el Faraón se negó, y diez plagas de juicio cayeron sobre Egipto.

La décima plaga trajo la muerte de los primogénitos de todo ser humano y criatura. Mientras que las primeras nueve plagas cayeron principalmente entre los egipcios, quedando los israelitas a salvo, la décima plaga sería completamente imparcial y golpearía a todos por igual. Dios le dijo a su pueblo que había una manera de protegerse de la décima plaga, pero esta requería *derramar sangre*.

Cuando los israelitas aún estaban en la tierra de Egipto, el Señor dio las siguientes instrucciones a Moisés y Aarón: "A partir de ahora, este mes será el primero del año para ustedes. Anuncien a toda la comunidad de Israel que el décimo día de este mes cada familia debe elegir un cordero o cabrito para un sacrificio, un animal por cada hogar. Si una familia es demasiado pequeña para comer un animal entero, que lo comparta con otra familia de entre sus vecinos. Divide el animal según el tamaño de cada familia y la cantidad que puedan comer. El animal que elijas debe ser un macho de un año, ya sea una oveja o una cabra, sin defectos. Cuida especialmente de este animal elegido hasta la noche del decimocuarto día de este primer mes. Entonces toda la asamblea de la comunidad de Israel deberá sacrificar su cordero o cabrito al anochecer. Tomarán un poco de la sangre y la untarán en los lados y en la parte superior de los marcos de las puertas de las casas donde coman el animal. Esa misma noche deben asar la carne al fuego y comerla junto con ensalada de verduras amargas y pan sin levadura. No se debe comer nada de la carne cruda o hervida en agua. Todo el animal— incluyendo la cabeza, las patas, y los órganos internos—debe asarse al fuego. No dejes nada para la mañana siguiente. Quema lo que no se haya comido antes del amanecer. Estas son las instrucciones para participar de esta comida:

Vístete bien, ponte las sandalias, y lleva el bastón en la mano. Coman con prontitud, porque esta es la Pascua del Señor. Esa noche pasaré por la tierra de Egipto y mataré a todos los primogénitos y a todos los animales primogénitos de la tierra de Egipto. ¡Ejecutaré un juicio contra todos los dioses de Egipto, porque yo soy el Señor! Pero la sangre en los dinteles de tus puertas servirá de señal, marcando las casas donde se alojen. Cuando vea la sangre, pasaré de largo sobre ti. Esta plaga de la muerte no los tocará cuando golpee la tierra de Egipto. Este es un día para recordar. Cada año, de generación en generación, debes celebrarlo como una fiesta especial para el Señor. Esta es una ley para siempre" (Éxodo 12:1-14, NLT).

Dios dijo a los hijos de Israel que mataran un cordero sin mácula y untaran la sangre sobre el dintel de la puerta. La noche en que el juicio de la muerte entrara en la tierra, no tocaría a ninguno de los que estuvieran en casas marcadas con la sangre en el dintel de la puerta. Dios dijo: "Cuando vea la sangre, pasaré de largo". Por esta razón, se llamó a la fiesta *Pascua* (*The Passover*). Quien se escondía detrás de la sangre estaba a salvo. La sangre del cordero era suficiente para salvar al pueblo de sus pecados.

Cientos de años después, mientras Jesús caminaba por la tierra, Juan el bautista confirmó a Jesús declarando esto:

> *Al día siguiente Juan vio a Jesús acercarse a él, y dijo "¡Miren! ¡El Cordero de Dios que quita el pecado del mundo!"* (Juan 1:29, NLT).

Después, Pablo escribió a los corintios y llamó a Jesucristo el Cordero de la Pascua:

> *Cristo, nuestro Cordero de la Pascua, ha sido sacrificado por nosotros* (1 de Corintios 5:7, NLT).

Mientras crecía en nuestra pequeña iglesia pentecostal, recuerdo que los santos solían decir: "Suplico la sangre. Suplico la sangre sobre mi familia. Suplico la sangre sobre mi vida". Durante años no supe lo que significaba esa frase, pero hoy, he aprendido el valor de invocar la sangre.

No puedo expresarlo mejor que Kenneth W. Hagin en su artículo de la revista *Palabra de Fe* titulado: "Invoco la sangre."

> Suplicar la sangre no es rogar a Dios que haga algo. No es una declaración de incredulidad o miedo. Suplicar la sangre activa lo que sucedió a través de la sangre de Jesucristo en la cruz. Es pedir a Dios que provea lo que

la sangre de Jesús ya ha comprado. Es una declaración de fe sobre lo que ocurrió en el Calvario.[10]

¡Activa lo que Jesús ya compró para ti! ¡Invoca la sangre de Jesús sobre tu mente! ¡Implora Su sangre sobre tus pensamientos, tu vida, tu familia, tu hogar!

Las armas de nuestra guerra no son carnales sino poderosas por medio de Dios para derribar fortalezas. Cuando las adicciones, fobias, perversiones, e influencias demoníacas invaden nuestras vidas y mentes, tenemos armas mucho más fuertes para derribarlas.

Sin embargo, nuestras armas son inútiles a menos que las usemos. Son ineficaces a menos que las disparemos y lancemos. ¿Cómo las lanzamos? Confesando la Palabra de Dios, por medio de nuestra alabanza y oración, liberando así el poder contenido en el nombre de Jesús, e implorando la sangre de Jesús sobre nuestras vidas.

Cuando mi mente era acosada, combatía esos pensamientos atormentadores hablando la Palabra de Dios. Cuando el diablo hostigaba mi mente, lo resistía. Al orar, me imaginaba unido a Jesús, y por lo tanto, portando el poder de Su nombre. Cuando Satanás intentó recordarme mi pasado, lo que recordé y declaré fue mi redención y perdón, a través de la sangre de Jesús.

Alentados a vencer

También es importante entender que hubo momentos durante mi batalla en los que me debilité. La constante lucha emocional y mental tiene su forma de desgastar al guerrero más diligente, y yo no fui la excepción. Hubo muchos días en los que sentí que no podía citar otra escritura o cantar una canción más de adoración. Días en los que pensé rendirme y ceder al tormento. En esos días, el Espíritu Santo fue siempre fiel para enviar un compañero o compañeros que me ayudaran a pelear la buena batalla de la fe.

La gente me animaba, y me recordaba las armas que el Señor nos ha dado a todos para vencer a nuestro enemigo.

Con el paso de los años, los ataques de Satanás sobre mi mente no han tenido el mismo efecto que al comienzo, antes de que aprendiera a controlar mis pensamientos, pero el diablo continúa regresando periódicamente con preocupaciones, momentos de ansiedad, temor, e incluso tentaciones. Él escoge sus momentos. Satanás observa, y si nos encuentra física o emocionalmente cansados, intentará deslizar algo en nosotros que pueda usar después.

Las armas en acción

Quince años después de mi experiencia con el Señor, se produjo otra situación en mi vida en la que necesité ayuda para liberarme. Nuestra iglesia acababa de construir las instalaciones más grandes del condado para un servicio de adoración, y la gente asistía por cientos. Yo era tan ingenuo que pensaba que todos se entusiasmarían con una iglesia en crecimiento en su ciudad. Después de todo, una iglesia representaba buenos valores morales, y un lugar donde se enseñaba a las familias a ser una bendición para la humanidad. Por desgracia, descubrí que no todo el mundo ve una iglesia en crecimiento de esta manera.

Un grupo de ciudadanos estaba descontento, porque su pequeña comunidad se había convertido en la zona de crecimiento del condado. Cientos de autos se concentraban en las inmediaciones de la comunidad cada miércoles y domingo. Nuestra iglesia estaba comprando propiedades disponibles a nuestro alrededor, por precios superiores a las tasas del mercado. Pagábamos más para que la gente supiera que éramos justos con las familias que habían vivido en esas casas durante años. Pagamos las nuevas aceras de la ciudad y ayudamos con mejoras en la infraestructura. Sin embargo, a pesar de lo que hicimos, no fue suficiente.

Un día recibí una llamada del alcalde de la ciudad. Me invitaba a una reunión del consejo municipal esa misma tarde, en el ayuntamiento. Siendo ingenuo de nuevo, pensé que posiblemente iban a conceder a la iglesia algún tipo de honor o reconocimiento, en gratitud por todo lo que habíamos hecho en favor de la comunidad. Ocurrió exactamente lo contrario. Me encontré con una emboscada. Un grupo de ciudadanos había formado una milicia para echarnos a mí y a la iglesia del pueblo. Su única demanda era que nos fuéramos. Quedé atónito al ver cómo me gritaban, amenazaban y acusaban falsamente. Me disculpé por el daño que aparentemente habíamos ocasionado afectando su calidad de vida, pero no era eso lo que buscaban. Querían venganza.

Como nota al margen, una de las imágenes más dolorosas de la noche fue ver a ciudadanos que eran miembros de otras iglesias de nuestra asociación haciendo coro a los insultos y acusaciones que me lanzaban. Salí de esa reunión herido, desanimado y confundido.

De camino a casa, fue como si Satanás saltara sobre mi hombro y comenzara a susurrar a mi oído: *Sí, mírate. Has arruinado tu testimonio. Se supone que la iglesia es una bendición, pero en*

Me encontraba mermado física, emocional y espiritualmente. Entonces vino el ataque.

esta comunidad, tú la has convertido en una maldición. Te has ganado enemigos que ya nunca dejarán de serlo. La reputación de la iglesia está manchada para siempre. No eres el pastor respetado de la iglesia más grande del condado; eres la persona más odiada del condado. Has avergonzado a Dios y a la congregación.

Para ser sincero, no estaba preparado para este ataque. Acabábamos de concluir un proyecto de construcción que costó más de dos millones y medio de dólares. Y eso fue hace más de veinte años, así que podrás imaginar lo que costaría hoy. Me sentía cansado físicamente, y emocionalmente agotado. La iglesia estaba experimentando un rápido crecimiento numérico, lo que requería más personal y sistemas de apoyo. Lamentablemente, había permitido que mi vida de oración decayera, y no estaba pasando con el Señor el tiempo de calidad que necesitaba. Me encontraba mermado física, emocional, y espiritualmente. Entonces vino el ataque.

Durante el mes siguiente, las palabras pronunciadas en aquella reunión de la ciudad me atormentaron día y noche. El miedo empezó a atenazarme de nuevo. Sabía lo que estaba ocurriendo, pero no podía ponerme al día y avanzar con la oración. Me costaba orar por en medio de la herida y el dolor. La gente de la comunidad pasaba por la iglesia durante la semana para quejarse de algo que estábamos haciendo. Con la misma intensidad el administrador de la ciudad me llamaba varias veces reportando quejas de los vecinos. La "milicia" incluso empezó a escribir cartas al director del periódico local quejándose de mí y de la iglesia. Estaba destrozado y asustado. Se me fue el sueño, y reapareció la tensión en los músculos de la cabeza. Tenía miedo de ir a la oficina de mi iglesia. Cuando me di cuenta, estaba paranoico, pensando que todo el mundo iba detrás de mí.

En dos meses, el miedo me había consumido. No podía evadirlo, ni encontrar una salida lógica y razonable de aquella tortura. Intenté convencer a Amanda de que se mudara a otro lugar y dejara la iglesia. Las palabras de esas personas me perseguían día y noche.

Pensamientos hostiles me invadían a diario: *Eres un fracaso. Sí, venciste esto hace algunos años, pero esta vez lo has arruinado todo. Estás acabado. Tu ministerio en esta comunidad se terminó, y esta debacle te seguirá a donde quiera que vayas. ¡Qué fracaso eres!*

Durante una reunión mensual de la junta directiva de la iglesia, finalmente me quité la máscara y descubrí ante los ancianos mis temores, heridas, y dolor. Lloré como un bebé, exponiendo mi vulnerabilidad. No tenía ni idea de lo que harían si su pastor sufría una crisis nerviosa. ¿Me apartarían? ¿Me ridiculizarían? ¿Me culparían? ¿O simplemente me remitirían a un tratamiento? No lo sabía. Solo que me sentía miserable, y muerto de miedo.

Al unísono se levantaron de sus sillas, se reunieron a mi alrededor, me impusieron las manos y comenzaron a orar. Al principio, nada pareció cambiar. Seguía sintiendo la presión alrededor de la cabeza, y el temor dio paso a la vergüenza de que yo, el pastor, necesitara oración. Después de unos momentos, comenzaron a orar en el Espíritu, declarado el nombre de Jesús y su sangre sobre mi mente y mi vida. Los escuché orando individualmente, declarando las Escrituras sobre mí, proclamando las promesas divinas de protección y paz para mi mente.

En medio de sus oraciones, escuché el estallido de una banda de caucho. ¡Instantáneamente, la presión alrededor de mi cabeza desapareció! La paz volvió a mi mente y un gozo abrumador se apoderó de mí. Me sentí más libre y renovado de lo que había estado en meses. Mis amigos y compañeros espirituales me ayudaron a romper la fortaleza del miedo que me había atormentado a lo largo de sesenta días.

Una vez más, el poder de 2ª de Corintios 10:4 viene a mi mente: "Porque las armas de nuestra guerra no son carnales sino poderosas en Dios para la destrucción de fortalezas" (KJV). Una vez más había experimentado que cada fortaleza de Satanás comienza con un solo pensamiento. Si permites que ese pensamiento continúe, su influencia en tu vida se fortalecerá con la fantasía y una imaginación indisciplinada. Y si en ese punto no derribas esas imágenes y fantasías, el pensamiento se convertirá en un bastión, una fortaleza que controla tu vida, haciendo que actúes de maneras que nunca soñaste.

Verás, los problemas de la vida llegarán a todos. No se trata de si sucederá o no, sino de *cuándo*. Y cuando vengan esos problemas, llegarán los pensamientos. En ese momento, ¿qué harás? ¿Usarás las poderosas armas que Dios te ha dado para vivir en la paz que Él te promete?

PREGUNTAS:

1. ¿Cuáles son las tres principales armas que Dios nos ha dado para derrotar al diablo y a los pensamientos, imaginaciones, fantasías y fortalezas que atacan nuestra mente?

2. ¿Cómo se lanzan y disparan estas armas?

3. ¿Puedes recordar una experiencia en la que hayas utilizado un arma espiritual para resistir un ataque satánico contra tu mente?

ORACIÓN:

Padre celestial, agradezco que según tu palabra en Apocalipsis 12:10-11 nosotros vencemos a Satanás por medio del Cordero y de la palabra de nuestro testimonio. Declaro con mi boca que soy redimido por la preciosa sangre de Jesús. El poderoso nombre de Jesús me pertenece, y la palabra de Dios está habitando en mi corazón y en mi mente. Ayúdame a recordar a diario que no estoy en esta batalla sin contar con armas poderosas. Enséñame, Padre, a usar mis armas como un soldado altamente entrenado del Señor. En el nombre de Jesús, amén.

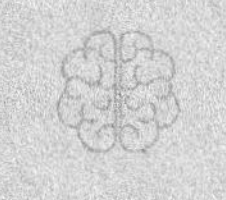

RENOVANDO NUESTRAS MENTES

Después de trabajar con gente herida por más de cuarenta años, he encontrado una necesidad patente que trasciende la edad, el género, la posición socioeconómica o el trasfondo cultural. Se trata de la necesidad de renovar nuestras mentes con la Palabra de Dios.

Soy el primero en reconocer que si mi mente hubiera podido ser renovada por medio de la oración e imposición de manos de alguien, habría volado al último rincón del mundo o conducido miles de kilómetros, con tal de encontrar a esa persona. De hecho, lo hice.

En cada reunión a la que tenía el valor de asistir, hacía que el predicador, el pastor o el evangelista me impusieran las manos y oraran. A menudo recibía un alivio temporal de los ataques de pensamientos atormentadores cuando la gente oraba por mí, pero el alivio no duraba. Los tortuosos pensamientos siempre se las arreglaban para reaparecer en mi mente.

Incluso por la gracia de Dios tuve el honor de que Jesús se me apareciera en casa y me diera claridad sobre los pensamientos de mi vida. Jesús me reveló al responsable del infierno en el que vivía y me puso en un camino de paz y plenitud mental. Pero eso no renovó mi mente.

> Tomará tiempo y disciplina renovar tu mente con la Palabra de Dios.

Muchas veces, Amanda y yo tenemos en nuestros servicios personas que están viviendo en tal tormento que nos piden que oremos por ellos para que sus mentes sean renovadas. Estamos felices de orar con ellos y de ver cómo el Espíritu Santo los satura de paz. No obstante, les aclaramos que nuestras oraciones no pueden renovar sus mentes. La renovación de la mente no es un evento, sino una disciplina diaria, de la que hablaremos con detalle más adelante, en este mismo capítulo.

Tu mente—tu patrón de pensamiento—ha sido programada de una manera por años, y tomará tiempo y disciplina renovarla con la Palabra de Dios.

Piénsalo. Durante años hemos permitido que nuestras mentes observen, escuchen cosas, mediten y fantaseen con cuestiones que con frecuencia no son puras ni piadosas. Hemos albergado imágenes de lujuria, chismes, dudas, miedos, celos, venganza, e incontables cosas más que nada tienen que ver con Cristo. Entonces, cuando nuestros pensamientos son casi incontrolables, nos damos cuenta de que Dios desea que seamos santificados, apartados para él, no solo en nuestro ámbito espiritual, sino también mentalmente, en el reino del alma.

Siendo así, ¿cómo podemos renovar nuestra mente? Será necesario comprender que Dios nos hizo a cada uno un ser tripartito, y que cada parte afecta al conjunto. También requiere alinear nuestros pensamientos con los de Dios. No hay duda de que Dios quiere que caminemos en paz y libertad en esta vida, y su palabra establece precisamente cómo caminar en esas bendiciones. Así que examinemos lo que dice la Palabra sobre cada parte del ser humano y concentrémonos en una fórmula simple para renovar la mente.

Agradar a Dios con una vida santificada

Escribiendo a los cristianos en Roma, el apóstol Pablo nos revela una información bastante esclarecedora.

> *Les suplico por lo tanto, hermanos, por la misericordia de Dios, que presenten sus cuerpos en sacrificio vivo, santo, agradable a Dios, que es su culto racional. Y no se conformen a este mundo, sino transfórmense por medio de la renovación de su mente, para que puedan comprobar cuál es la buena, agradable y perfecta voluntad de Dios. (Romanos 12:1-2).*

Me gusta mucho cómo se lee este mismo pasaje en la Nueva Traducción Viviente (NLT):

> *Por eso, queridos hermanos y hermanas, les ruego que entreguen sus cuerpos a Dios por todo lo que ha hecho por ustedes. Que sean un sacrificio vivo y santo—del tipo que él encontrará aceptable. Esta es verdaderamente la forma de adorarlo. No copien el comportamiento y las costumbres de este mundo, sino dejen que Dios los transforme en nuevas personas cambiando su manera de pensar. Entonces aprenderán a conocer la voluntad de Dios para ustedes, que es buena, agradable y perfecta (Romanos 12:1-2, NLT).*

En el pasaje anterior de Romanos, Pablo escribió a los cristianos—no a personas impías—y les dio instrucciones específicas sobre las disciplinas que debemos cultivar para llevar una vida que agrade a Dios.

Examinemos otra escritura, para aseguraros de no estar haciendo doctrina a partir de un versículo específico. Pablo enfatizó el mismo tema a los creyentes de Éfeso:

> *Si es que lo han oído y han sido enseñados por Él, conforme a la verdad que está en Jesús: que se despojen, en cuanto a su conducta pasada, del viejo hombre que se corrompe según los deseos engañosos, y se renueven en el espíritu de su mente, y se revistan del nuevo hombre que ha sido creado según Dios, en verdadera justicia y santidad* (Efesios 4:21-24).

Aquí el apóstol Pablo dijo a los creyentes que abandonaran sus viejos estilos de vida (antes de Cristo) y se renovaran en sus mentes. Una vez más, me gusta mucho como lo presenta la Nueva Traducción Viviente (NLT).

> Ya que han oído hablar de Jesús y han aprendido que la verdad viene de Él, despréndanse de su vieja naturaleza pecaminosa y de su antigua forma de vivir que está corrompida por la lujuria y el engaño.

> *En cambio, permitan que el Espíritu renueve sus pensamientos y actitudes. Vístanse de su nueva naturaleza, creada para ser como Dios: verdaderamente justa y santa* (Efesios 4:21-24, NLT).

Pablo escribió a los creyentes de Tesalónica y les dio instrucciones similares:

> *Que el mismo Dios de la paz los santifique por completo; y que todo su espíritu, alma y cuerpo se conserven irreprochables para la venida de*

nuestro Señor Jesucristo (1 de Tesalonicenses 5:23).

Pablo comunicó a la iglesia de Tesalónica que lo más elevado y lo mejor de Dios para nosotros es vivir vidas santas o santificadas. La palabra *santificado* en el idioma original del Nuevo Testamento significa "separado". Tiene un doble significado: *separado del pecado* y *separado para Dios.*

A lo largo de los años, he hablado con un buen número de personas que tratan de defender su bondad moral como su licencia para la salvación. Cuando les pregunto sobre su relación con el Señor o donde pasarían la eternidad si murieran hoy, una respuesta típica es: "Bien, soy tan bueno moralmente como las personas que asisten a su iglesia. No robo, ni engaño, ni miento, así que estoy bien con Dios".

Ser una persona moralmente buena es una cualidad maravillosa, y la santificación incluye un buen comportamiento moral. Pero no cometer pecados "populares" y estar separado por completo del pecado no define apropiadamente el término santificación. Dicho de otra forma, el hecho de que seas una "buena persona" no significa que alguien haya "perforado el tiquete" que te da acceso al cielo. Tu salvación no depende de lo que hagas o dejes de hacer, sino de quién es el Señor de tu vida.

> Tu salvación no depende de lo que hagas o dejes de hacer, sino de quién es el Señor de tu vida.

Pablo también enumeró en 1 de Tesalonicenses 5:23 las tres áreas en las que Dios desea que separemos nuestras vidas del pecado y para Él. Estas tres áreas son *espíritu, alma* y *cuerpo.* A diario interactúo con personas que hace años aceptaron a Cristo como su Señor y Salvador.

Ellos nacieron de nuevo, y sus espíritus o corazones fueron transformados. Lo que sucedió en sus vidas es exactamente lo que Jesús declaró a Nicodemo.

> *Había un hombre llamado Nicodemo, un líder religioso judío que era fariseo. Al anochecer, vino a hablar con Jesús. "Rabí", le dijo, "todos sabemos que Dios te ha enviado para enseñarnos. Tus señales milagrosas son evidencia de que Dios está contigo". Jesús le contestó: "Te aseguro que si no naces de nuevo, no podrás ver el reino de Dios". "¿Qué quieres decir?", exclamó Nicodemo. "¿Cómo puede un viejo volver a entrar en el vientre de su madre y nacer de nuevo?". Jesús replicó: "Te aseguro que nadie puede entrar en el reino de Dios sin nacer del agua y del Espíritu. Los humanos solo pueden reproducir la vida humana, pero el Espíritu Santo hace nacer la vida espiritual. Así que no te sorprendas cuando te digo que tienes que nacer de nuevo (Juan 3:1-7, NLT).*

Jesús le enseñó a Nicodemo que antes de que una persona pueda entrar en el reino de Dios, debe tener un renacimiento espiritual. Nicodemo estaba confundido y no podía entender el concepto de regresar al vientre materno para nacer de nuevo. A lo que Jesús repuso: "Nicodemo, tú estás pensando naturalmente, y yo hablo espiritualmente". Jesús se refería a un nacimiento espiritual, no natural.

Pablo lo explicó así a los cristianos de Corinto:

> *Por lo tanto, si alguien está en Cristo, es una nueva creación; las cosas viejas han pasado; he aquí que todo se ha hecho nuevo (2 de Corintios 5:17).*

La Traducción de la Biblia Viviente (TLB) cita este versículo de una forma prodigiosa:

Cuando alguien se convierte en cristiano, se convierte en una persona nueva por dentro. Ya no es el mismo. ¡Una nueva vida ha comenzado! (2 de Corintios 5:17, TLB).

Cuando aceptamos a Cristo como nuestro Señor y Salvador, se produce un renacimiento espiritual, y nacemos de nuevo por dentro. Nuestros espíritus se vuelven nuevos. Es por lo que a menudo podemos ver cómo los deseos de las personas cambian una vez nacen de nuevo. Se convierten en nuevas creaciones; las cosas viejas pasan, y todo es hecho nuevo. Pero ten presente lo que dijo Pablo; Dios desea que seamos apartados, no solamente en nuestros espíritus para ser salvos, sino también en nuestras almas y cuerpos.

Entendiendo el diseño tripartito del hombre

Hace años tuve el privilegio de aprender sobre las tres partes del ser humano. Como lo resumiera un ministro de manera elocuente: "Eres un espíritu, posees un alma y vives en un cuerpo." El verdadero *yo* es *tu espíritu* o la persona que está *dentro* de ti. Cuando naces de nuevo, tu hombre espiritual es el que recibe la vida eterna.

Porque tanto amó Dios al mundo que dio a su Hijo unigénito, para que todo el que cree en él no perezca, sino que tenga vida eterna (Juan 3:16).

Mis ovejas oyen mi voz, y yo las conozco, y me siguen. Y les doy vida eterna, y no perecerán jamás; ni nadie las arrebatará de mi mano (Juan 10:27-28).

Tu hombre espiritual es el que vive eternamente una vez que tu hombre físico deja de existir en la tierra. Pablo dijo algo muy alentador sobre esto:

> *Mi ardiente anhelo y esperanza es que en nada seré avergonzado, sino que tendré el valor suficiente para que ahora, como siempre, Cristo sea exaltado en mi cuerpo, ya sea con la vida o con la muerte. Porque para mí, vivir es Cristo y morir es una ganancia. Si he de seguir viviendo en el cuerpo, esto representará para mí una labor fructífera. Pero, ¿qué elegiré? ¡No lo sé! Me debato entre ambas posibilidades: quiero partir y estar con Cristo, lo cual es muchísimo mejor; pero lo necesario ahora, por ustedes, es que permanezca en el cuerpo. (Filipenses 1:20-24, NIV).*

Pablo admitió que estaba indeciso sobre su futuro. Dijo: "Estoy dividido entre ambas opciones: *Quiero partir...*". ¿Partir a dónde? Se refería a salir de su cuerpo e ir al cielo. Afirmó que eso sería mucho mejor para él, pero que sería mejor para sus amigos que permaneciera en su cuerpo, en la tierra. ¿Quién permaneció en su cuerpo? *Su espíritu*—el Pablo real, el verdadero, el Pablo nacido de nuevo, el Pablo que tenía vida eterna.

Nuestros cuerpos físicos

Mientras continuaba describiendo cómo estaba diseñado el hombre, Pablo escribió a los cristianos de Corinto que tenemos cuerpos espirituales y cuerpos naturales

> *...Porque así como hay cuerpos naturales, también hay cuerpos espirituales* (1 de Corintios 15:44, NLT).

Nuestros espíritus reciben una nueva vida. Nacen de nuevo cuando aceptamos a Jesús como nuestro Señor y Salvador. Pero nuestros cuerpos físicos no reciben nueva vida. No nacen de nuevo. Nuestros cuerpos físicos continúan sujetos a la atracción del pecado y de los deseos carnales.

Hasta Pablo luchó con los deseos pecaminosos en su cuerpo carnal:

Así que el problema no es con la ley, porque es espiritual y buena. El problema es conmigo, porque soy demasiado humano, esclavo del pecado. Realmente no me comprendo, porque quiero hacer lo que es correcto, pero no lo hago. En cambio, hago lo que odio. Pero si yo sé que lo que hago está mal, esto demuestra que estoy de acuerdo con que la ley es buena. Así que no soy yo quien hace lo que está mal; es el pecado que vive en mí el que lo hace. Y sé que nada bueno vive en mí, es decir, en mi naturaleza pecaminosa. Quiero hacer lo que es correcto, pero no puedo. Quiero hacer lo que es bueno, pero no lo hago. No quiero hacer lo que está mal, pero lo hago de todos modos. Mas si hago lo que no quiero hacer, en realidad no soy yo el que hace el mal; es el pecado que vive en mí el que lo hace. He descubierto este principio de la vida: cuando quiero hacer lo que está bien, no puedo evitar hacer lo que está mal. Amo la ley de Dios con todo mi corazón, pero hay otro poder dentro de mí que está en guerra con mi mente. Este poder me esclaviza al pecado que todavía está dentro de mí. ¡Soy un pobre desgraciado! ¿Quién me libertará de

esta vida dominada por el pecado y la muerte?
(Romanos 7:14-24, NLT).

Pablo era un apóstol de Dios, empoderado y usado por Él para hacer milagros y sanar a los enfermos. Recibió revelaciones a través de sueños y visiones y fue arrebatado al cielo, donde escuchó y vio cosas que nadie más en la tierra había experimentado. Sin embargo, incluso Pablo, quien nació de nuevo y fue usado poderosamente por Dios, tenía un problema con su carne. ¿Cómo era posible esto? Pablo había nacido de nuevo, pero su carne no.

Pablo se sintió tan frustrado con su carne que se llamó a sí mismo "pobre desgraciado" (Romanos 7:24). También dijo a los cristianos de Roma que nuestros cuerpos físicos anhelan su transformación y redención.

Sin embargo, lo que ahora sufrimos no es nada comparado con la gloria que él nos revelará más adelante. Porque toda la creación espera ansiosamente ese día futuro en que Dios revelará quienes son realmente sus hijos. Contra su propia voluntad, toda la creación quedó sujeta a la maldición de Dios. Pero la creación aguarda con gran esperanza el día en que será liberada de la muerte y la descomposición, y se unirá a la gloria de los hijos de Dios. Pues sabemos que, hasta el día de hoy, toda la creación ha estado gimiendo, de angustia como si tuviera dolores de parto. Y los creyentes también gemimos, aunque tengamos el Espíritu Santo en nosotros como anticipo de la gloria futura, porque anhelamos que nuestros cuerpos sean liberados del pecado y del sufrimiento. Nosotros también anhelamos con ferviente esperanza el día en que Dios nos conceda todos nuestros derechos como sus hijos adoptivos, incluido el nuevo cuerpo que nos prometió (Romanos 8:18-23, NLT).

Todo lo anterior nos plantea un dilema. Hemos nacido de nuevo, somos nuevas creaciones por dentro, habitadas por el Espíritu de Dios. Pero esta nueva creación está alojada y confinada en un cuerpo plagado de pecaminosidad y deseos egoístas. Estas dos fuerzas—el Espíritu de Dios y la atracción del pecado—luchan a diario en nuestras vidas. La fuerza más sólida ganará el día. Lamentablemente, muchos cristianos se comportan de manera impía. No es porque no amen a Dios, sino porque el hombre nacido de nuevo en el interior, está dominado por los deseos carnales y pecaminosos en su carne.

Pablo encontró una solución viable a este desafío, que compartió con los cristianos corintios:

Disciplino mi cuerpo como un atleta, lo entreno para que haga lo que debe. De lo contrario, me temo que después de predicar a otros, yo mismo quede descalificado (1 de Corintios 9:27, NLT).

La Traducción de la Biblia Viviente interpreta este versículo así:

Como un atleta, castigo mi cuerpo, tratándolo con rudeza, entrenándolo para que haga lo que debe y no lo que quiere. De lo contrario, temo que después de alistar a otros para la carrera, yo mismo pueda ser declarado no apto y se me ordene quedar al margen (1 de Corintios 9:27, TLB).

Pablo nos revela que el hombre nacido de nuevo en el interior, toma el control sobre el hombre carnal en el exterior y le dice lo que debe hacer. Dicho de otra forma, Pablo se niega a permitir que los deseos carnales lo dominen.

El apóstol dice lo mismo a los cristianos de Roma:

> *Por eso, queridos hermanos, les ruego que entreguen sus cuerpos a Dios. Que sean un sacrificio vivo, santo, del tipo que él puede aceptar. Al pensar en lo que ha hecho por ustedes, ¿es demasiado pedir?* (Romanos 12:1, TLB).

Notemos lo que dijo a los cristianos: que "entregaran sus cuerpos" a Dios para que fueran sacrificios vivos y santos. No permitas que tu cuerpo sea gobernado por el pecado. Toma el control sobre tus deseos pecaminosos y haz que tu cuerpo obedezca a tu espíritu nacido de nuevo en lugar de sus impulsos impíos.

> Dios quiere que seamos santos y santificados en todo sentido: espíritu, alma y cuerpo.

Miremos de nuevo esta escritura, muy familiar:

> *Que el Dios de paz los haga santos en todos los sentidos, y que todo su espíritu, alma y cuerpo se mantenga irreprochable hasta que nuestro Señor Jesucristo regrese* (1 de Tesalonicenses 5:23, NLT).

Dios quiere que seamos santos y santificados *en todo sentido: espíritu, alma y cuerpo*. Entendemos que nuestros espíritus son santificados cuando nacemos de nuevo; nuestros cuerpos, son puestos bajo control al rendirlos a Dios y permitir que nuestro hombre espiritual nacido de nuevo domine los impulsos pecaminosos de nuestros cuerpos. ¿Pero qué pasa con nuestras almas?

El alma del ser humano

Una de las partes más incomprendidas del ser humano es el alma. A menudo, en el ámbito de la iglesia hemos combinado el alma y el espíritu como si fueran uno solo, o hemos errado confundiendo el espíritu del hombre con su alma. Es importante entender que el espíritu y el alma son dos partes distintas del hombre, y diferentes.

El alma es esa parte nuestra que conecta con nuestra mente, emociones y voluntad. Se conecta con el ámbito mental y emocional. Nuestro espíritu se conecta con Dios, porque Dios es espíritu. Y nuestros cuerpos se conectan con el reino natural, porque son naturales.

El alma y el espíritu del hombre se encuentran tan estrechamente ligados, que a menudo se necesita la Palabra de Dios para dividir y discernir entre los dos.

> *Porque la palabra de Dios es viva y poderosa. Es más cortante que cualquier espada de dos filos, penetra entre el alma y el espíritu* (Hebreos 4:12, NLT).

La mayor necesidad de los cristianos es que nuestra área anímica—mente, emociones y voluntad—sea renovada con la Palabra de Dios.

> *En cuanto a la pasada manera de vivir, despójense del viejo hombre, que está viciado conforme a los deseos engañosos y renuévense en el espíritu de su mente* (Efesios 4:22-23).

La palabra *renovar* significa "hacer nuevo" en el griego original. Con frecuencia he oído que se utiliza la palabra *renovado* para describir cómo se remueve el acabado de un mueble antiguo para restablecerlo a su estado original. No obstante, en el griego, la palabra *renovar* tiene otra faceta, que significa "hacer algo nuevo, pero totalmente diferente."

El Espíritu Santo, nos dice que renovemos nuestra forma de pensar haciéndola totalmente diferente. En otras palabras, renovar nuestras mentes es una acción intencionada de nuestra parte.

Crecí en la tradición pentecostal, que ponía un gran énfasis en la vestimenta y la apariencia. Me enseñaron que el largo de mi pelo, mi ropa, y mi presentación personal eran una señal de santidad. Se entendía que la transformación del mundo estaba simbolizada por la apariencia de cada uno. Pero con lo que Pablo escribió a los cristianos romanos, queda claro que la transformación del mundo no se logra por la apariencia, sino por lo que pensamos.

> Renovar nuestras mentes es una acción intencionada de nuestra parte.

No se amolden a este mundo, sino transfórmense por medio de la renovación de su mente (Romanos 12:2).

El término *transformado* viene de la palabra *metamorpho*, que significa literalmente "transfigurar o transformar la apariencia". Para entender esta palabra, piensa en la metamorfosis que se produce cuando una oruga se convierte en mariposa. La oruga es lenta, escurridiza, y no tiene la capacidad de volar. De hecho, se aferra a las hojas, a las ramas de los árboles o a algo inmóvil.

La oruga—que no es la más bella de las especies hasta que se produce un cambio drástico—se envuelve en una vaina como capullo. Cuatro semanas y un asombroso proceso después, el capullo se abre, y la oruga sufre una notable transformación. Se convierte en una hermosa mariposa, con rasgos y una apariencia que hacen olvidar a la oruga que fue antes.

Del mismo modo, nos convertimos en cristianos o en nuevas criaturas en Cristo cuando nacemos de nuevo. Nuestros corazones o espíritus se vuelven completamente nuevos. Pero recuerda que vivimos en un cuerpo carnal que no ha nacido de nuevo; continúa deseando cosas egoístas y pecaminosas. Esta es la guerra entre el espíritu y la carne, entre tu corazón y tu cuerpo. La entidad que se interpone entre el espíritu nacido de nuevo y los impulsos pecaminosos de la carne es el alma o la mente.

Me gusta decirlo de esta forma: es simplemente una cuestión de números. Nuestro espíritu nacido de nuevo contra nuestra carne debilitada por el pecado es *uno contra uno*. El lado del que se ponga el alma (mente, emociones y voluntad) determinará la dirección en la que nos movamos.

Si tu mente ha sido renovada, o hecha nueva por la Palabra de Dios, entonces estará del lado de tu espíritu nacido de nuevo. ¡Dos contra uno ganan a la fija! Seguirás el plan y el propósito de Dios para tu vida. Pero si tu alma o mente no ha sido renovada por la Palabra de Dios, se pondrá del lado de los deseos carnales, y dos contra uno ganarán a la postre.

Esta es la razón por la que muchos cristianos que tienen a Jesús viviendo en sus corazones caen presa de adicciones y actitudes pecaminosas. Permiten que la mente no renovada y la carne anulen el espíritu nacido de nuevo que quiere seguir a Dios. Así que es imperativo que los cristianos renueven sus mentes y las hagan nuevas con la Palabra de Dios.

Imagina un escenario en el que una persona nacida de nuevo renueva continuamente su mente con la Palabra de Dios. La persona memoriza versículos de la Biblia y confiesa esas promesas en forma diaria sobre su vida. Al mismo tiempo, mantiene su cuerpo y sus impulsos egoístas bajo control. Cuando Satanás se presenta con una tentación o un ataque al pensamiento, ¿qué crees que pasará? Esa tentación y ese ataque no encontrarán un lugar en la vida de esa persona para establecer una cabeza de playa o lanzar un ataque.

Esa es la razón por la que Pablo nos dijo que sometiéramos nuestros cuerpos a Dios, como un sacrificio santo y vivo, y que renováramos nuestras mentes por medio de la Palabra de Dios. Un individuo nacido de nuevo, con la mente renovada y el cuerpo disciplinado resulta impenetrable para los ataques de Satanás.

Una fórmula sencilla para renovar nuestra mente

Como mencioné, reviste una importancia crítica reconocer que la renovación tu mente no es un evento, sino una disciplina. Ignorar o subestimar este punto vital es la razón por la que muchos cristianos pasan toda su vida luchando y cayendo en las tentaciones causadas por el acoso mental.

La verdad es que, con demasiada frecuencia los cristianos no están dispuestos a hacer el trabajo duro de disciplinar diariamente—hora tras hora, semana tras semana—los pensamientos de sus vidas. Tristemente, su falta de voluntad les costará su paz mental.

Si tu mente—o patrón de pensamiento—ha sido programada(o) de manera equivocada durante años, necesitarás renovar tu mente para alinearte con la Palabra de Dios. Esto requerirá tiempo y disciplina, pero será una puerta de entrada para que lo mejor de Dios llegue a cada área de tu vida.

Permíteme compartir un patrón simple que me ayudó a renovar mi mente. A medida que fui fiel a estas tres cosas, mi forma de pensar comenzó a cambiar. No sucedió de la noche a la mañana, pero al cabo de varios meses, retomé el control de los pensamientos de mi vida. Llamo a este sencillo patrón: Las tres "E".

Las tres "E".

Evaluar cada pensamiento

Pablo dijo que si estás resuelto a disfrutar de la victoria espiritual, debes "derribar los argumentos y toda altivez que se levanta contra el conocimiento de Dios, llevando cautivo todo pensamiento a la obediencia a Cristo" (2 de Corintios 10:5). En otras palabras, debes hacer un esfuerzo decidido para evaluar y revisar lo que piensas.

Ahora bien, en mi caso particular, sabía que mis pensamientos lujuriosos eran pecaminosos y que no debía darles lugar. Pero no había considerado los pensamientos de crítica, falta de perdón, calumnias, autocompasión, celos, depresión, o envidia como elementos que necesitaba evaluar. Pensaba que esa era tan solo una parte de la vida. Y lo es: *de una vida derrotada.*

Todavía recuerdo el día en que recibí la revelación de este versículo: "...llevamos cautivo todo pensamiento..." (2 Corintios 10:5, ESV). Me oí decir: "Dios mío, ¿cómo puedo hacer eso? ¡Es imposible! Tengo miles de pensamientos al día. ¿Cómo puedo llevar cautivo cada uno de ellos?".

Días después me topé con la estadística que referí anteriormente: una persona, en promedio, tiene entre 50.000 y 60.000 pensamientos por día. Al principio eso no me ayudó. ¿Cómo iba a tomar cautivos 50.000 pensamientos? Pero al seguir estudiando, descubrí que en la población estudiada se repite el 90% de esos pensamientos. Lo cual quiere decir que cerca de 45.000 de esos pensamientos *son los mismos.*

¡Esas sí que son buenas noticias! Si evalúas adecuadamente tus pensamientos y comienzas a tomar cautivos los que son malsanos e impíos, pronto descubrirás que el desafío, no es tan desalentador, después de todo. En realidad, no hay tantos pensamientos diferentes—generalmente son los mismos pensamientos de temor, lujuria, y duda, que se repiten una y otra vez.

Permíteme animarte a desarrollar un plan o sistema decidido para evaluar el estado de tus pensamientos. Con solo descubrir que estás pensando en algo que no es lo mejor de Dios, ¡detente! En ese momento, di: "Señor, perdóname por consentir este pensamiento. Tomo autoridad sobre él y le niego el acceso a mi mente".

La mayoría de nosotros, en el ámbito de la iglesia, nunca hemos sido desafiados a evaluar los pensamientos de nuestra vida. Se nos exhorta constantemente a evaluar nuestros motivos y acciones, pero ambas cosas son, simplemente, el producto de los pensamientos que hemos albergado. Todo comienza con "el pensamiento de vida".

Si no tomas cautivos tus pensamientos, estos te llevarán cautivo a ti.

Por ejemplo, ¿alguna vez has conducido por varios kilómetros hasta alcanzar por fin tu destino solo para darte cuenta de que no recordabas haber pasado por ciertos lugares calles o desvíos para llegar hasta allí? Tu mente y tus "pensamientos de vida" te llevaron cautivo en el viaje. Tu mente se dejaba llevar fácilmente por otras cosas, y no eras consciente de lo que pasaba alrededor de tu vehículo.

Por eso, el primero paso para renovar tu mente es la disciplina diaria de evaluar tus "pensamientos de vida". ¡Renovarás tu mente un pensamiento a la vez!

Expulsar los pensamientos malsanos

Una vez hayas descubierto un patrón de pensamiento malsano, es importante expulsar o eliminar agresivamente esos patrones de la base de datos de tus pensamientos.

He aconsejado a cristianos maravillosos que tienen una imagen muy pobre de sí mismos. Si han desarrollado un patrón de pensamiento que a diario los mantiene tristes y oprimidos es porque consintieron pensamientos sobre ellos mismos que faltan a la verdad. Si piensas sobre ti mismo o te ves de una manera que está en desacuerdo con lo que dice la Palabra de Dios sobre ti, expulsa agresivamente y haz a un lado esos pensamientos. ¡Prohíbelos!

Me recuerdo caminando por la casa, repitiendo una y otra vez: *"No voy a pensar así. Me resisto a hacerlo. No voy a consentir ese pensamiento de nuevo porque no es cierto"*.

Una vez que has encontrado un patrón de pensamiento en tu mente y lo encuentras deplorable, no puedes limitarte a ignorarlo. Ese patrón de pensamiento ha establecido una cabeza de playa y se ha atrincherado en tu propia cara. ¡Debes arrancarlo de raíz y enérgicamente!

A menudo, convivimos con estos pensamientos malsanos y negativos por tanto tiempo que llegamos a sentirnos cómodos con ellos.

Hemos aprendido a sobrevivir pensando erradamente. ¡Oye mi consejo!: puedes sobrevivir con una forma de pensar errada, pero nunca prosperarás mientras la mantengas. Para prosperar en la vida debes expulsar los malos pensamientos y reemplazarlos por los pensamientos de Dios.

> Puedes sobrevivir con una forma de pensar errada, pero nunca prosperarás mientras la mantengas.

Enganchar los pensamientos de Dios

Muchos años después, me sigo repitiendo lo que dice la Palabra de Dios sobre mí o acerca de cualquier situación que afronto en la vida.

La renovación de tu mente es una disciplina diaria que requiere que evalúes con honestidad tu forma de pensar, expulses agresivamente los pensamientos malsanos, y acojas con entusiasmo los pensamientos piadosos.

Dios nos muestra específicamente en qué pensamientos debemos concentrarnos y enfocarnos.

> *Por último, hermanos, todo lo que es verdadero, todo lo que es noble, todo lo que es justo, todo lo que es puro, todo lo que es amable, todo lo que es de buena reputación, si hay alguna virtud y algo digno de alabanza, mediten estas cosas* (Filipenses 4:8).

Aunque fue hace muchos años, todavía recuerdo mi clase de tercer grado y a la señora Knapton taladrando con las tablas de multiplicar en nuestros pequeños cerebros. Teníamos que memorizar dos filas de números a la semana. La primera semana fueron los unos y los doses. No tardé mucho en memorizar los unos. La segunda semana eran los treses y los cuatros. La tercera semana memorizamos los cincos y los seises. Hicimos este ejercicio de memoria hasta llegar al número doce. Hoy, todos estos años después, recuerdo perfectamente mis tablas de multiplicar. Mi pequeña mente tenía la capacidad y retenerla con precisión durante más de cincuenta años.

Del mismo modo, si memorizas Filipenses 4:8, será el guardián—el portero—de tu pensamiento de vida. Los pensamientos que traten de invadirte pero no cumplan con los estándares de Filipenses 4:8 serán reconocidos y expulsados. Entonces podrás empezar a *enganchar* pensamientos verdaderos, nobles, justos, puros, amables, de buena reputación, y dignos de alabanza.

> *Resumiendo, amigos, yo diría que lo mejor es meditar y llenar sus mentes con las cosas verdaderas, nobles, reputadas, auténticas, convincentes, graciosas: lo mejor, no lo peor; lo bello, no lo feo; lo que hay que alabar, no lo que hay que maldecir* (Filipenses 4:8, MSG).

Las tres "*E*"—evaluar, expulsar y enganchar —cambiaron mi vida y cambiarán también la tuya.

PREGUNTAS:

1. ¿Cuál es la única necesidad evidente de los cristianos que sufren, y de todos en general?

2. Si no llevas cautivos tus pensamientos, ¿qué sucederá?

3. Enumeras las tres "E" para renovar nuestras mentes. ¿Qué pensamiento has consentido que haga necesario poner en práctica las tres "E"?

ORACIÓN:

Padre Celestial, gracias, porque de acuerdo con tu palabra en Romanos 12:1-2 puedo renovar mi mente y cambiar un estilo de vida de pensamientos insanos. Ayúdame a disciplinar los pensamientos de mi vida y a sustituir aquellos que son insanos por pensamientos piadosos y saludables. Recuérdame, Espíritu Santo, la importancia de una mente sana y piadosa cada día de mi vida. En el nombre de Jesús, amén.

LO QUE NO SABÍA Y CASI ME CUESTA LA VID

Al crecer con una historia familiar de problemas mentales y emocionales, me di cuenta de que el tratamiento y la percepción de las enfermedades mentales no era tan compasivo como lo es hoy. Hasta la percepción pública era muy diferente. De hecho, durante mis primeros años en la iglesia, no recuerdo haber escuchado un solo sermón sobre la salud mental o sobre los "pensamientos de vida". No puedo recordar que tuviéramos una conversación en casa sobre la enfermedad mental, a pesar de que había parientes por el lado de mi padre que fueron recluidos en manicomios. Estoy seguro de que mis padres hablaban del tema entre ellos, pero solo en voz baja, y en conversaciones privadas.

Sinceramente, siendo un joven sano y fuerte, creía que las personas que lidiaban con la depresión o la inestabilidad emocional eran débiles, y solo necesitaban "aguantar". No lo comprendía, y tampoco sentía ninguna simpatía por nadie que experimentara este tipo de desafíos. Lamento decir que, en nuestra tribu religiosa, muchos intentos de racionalizar o explicar la inestabilidad mental o emocional se han referido a ellas como una posesión demoníaca.

Me sentía cómodo en mi sistema de creencias, y en un par de ocasiones en que se me acercaron personas que luchaban con problemas mentales, les dije con indiferencia que "oraran y lo superaran". Hoy, miro con arrepentimiento esos primeros años de ministerio pastoral, por lo poco preparado y desentendido que estaba respecto a la realidad de la discapacidad mental y emocional.

Entonces todo cambió, cuando, a los veintinueve años, la "locura" invadió mi vida. Los remedios que con tanta ligereza había recetado como solución a los demás— "aguantar" y "orar hasta el final"—no me funcionaron. Después de unos meses de constante tormento mental, estaba atado y experimentando pensamientos, imágenes y sentimientos que nunca soñé que tocarían a mi puerta. Cuando pedí una cita a mis líderes espirituales buscando ayuda, me di cuenta de que no tenían más respuestas que yo. Por primera vez en mi vida, me encontré con algo que no se podía arreglar "orando hasta el final".

Orar hasta el final es un término pentecostal que significa que has orado hasta el punto de saber que la respuesta de Dios está en camino, que tu situación ha cambiado, o que tienes paz en tu corazón y en tu mente, convencido de que todo estará bien.

Hoy en día, sigo creyendo firmemente en "orar hasta el final". Hay muchas situaciones que la oración de fe o la oración intercesora te ayudarán a superar. Pero en ese momento de mi vida, no podía alcanzar el lugar de paz, porque carecía del conocimiento de los "pensamientos de vida" y cómo Satanás manipula nuestros pensamientos para mantenernos en esclavitud.

Años después, estoy agradecido de que el Espíritu Santo me haya enseñado verdades importantes sobre el ámbito del alma. Si hubiera sabido estas verdades por los días en que Satanás arremetió con su tormentoso ataque, habría navegado exitosamente por la oscuridad hacia la victoria con el conocimiento y el poder de Dios.

Mi falta de conocimiento casi me costó la vida. Así que, permíteme compartir algunas verdades simples que he aprendido sobre la importancia de lo que pensamos. Ignorar estas verdades robó la paz de mi vida; creo que conocerlas, añadirá paz a la tuya.

1. Tu dirección en la vida la determinan tus pensamientos

He aprendido que nos movemos hacia las cosas que pensamos y soñamos. La Palabra de Dios lo deja muy claro.

> *Los que viven según la carne, tienen la mente puesta en lo que la carne desea; pero los que viven según el Espíritu tienen la mente puesta en lo que el Espíritu desea* (Romanos 8:5, NIV).

Este versículo nos dice que si vivimos de acuerdo con lo que nuestra carne desea, es porque tenemos nuestros pensamientos fijos y embebidos en lo que nuestra carne desea. De otra parte, si seguimos el plan del Espíritu para nuestras vidas, es porque tenemos nuestros pensamientos fijos o embebidos en lo que el Espíritu desea. Este versículo específicamente, nos deja saber que nuestra mente es el factor decisivo en el rumbo que toma nuestra vida.

Si puedes cambiar tu pensamiento, puedes cambiar de dirección. ¡Tu forma de pensar es vital en tu destino!

2. Tu calidad de vida la determinan los pensamientos que albergas.

> *La mente gobernada por la carne es muerte, pero la mente gobernada por el Espíritu es vida y paz* (Romanos 8:6, NIV).

La Nueva Traducción Viviente lo expresa así:

> *Así que dejar que tu naturaleza pecaminosa controle tu mente conduce a la muerte. Pero dejar que el Espíritu controle tu mente conduce a la vida y a la paz* (Romanos 8:6, NLT).

Observa que los pensamientos gobernados por los deseos de la carne conducen a la muerte. La muerte representa lo infructuoso, el vacío y la esterilidad. Todos conocemos a personas que han pasado su vida entera consumidas por los deseos carnales. Es lo único en que piensan, y al final del día, su calidad de vida se ha tornado en un gran vacío. Pero la mente que abraza y conserva los pensamientos originados por el Espíritu Santo es la mente de una persona que disfrutará de la vida y la paz.

> *¡Mantendrás en perfecta paz a todos los que confían en ti, a todos los que tienen sus pensamientos fijos en ti!* (Isaías 26:3, NLT).

A lo largo de los años, he escuchado a personas bien intencionadas pero mal informadas hacer declaraciones como esta: "Lo que piensas no hará daño si no actúas en consecuencia". Pero la realidad es que, conforme a todo aquello en lo que pensemos, *seguiremos actuando.*

Tus pensamientos determinan tu calidad de vida: si vives en paz, o en muerte.

> Conforme a todo aquello en lo que pensemos seguiremos actuando.

3. Satanás no puede leer tu mente. Simplemente observa tus acciones y respuestas para determinar sus planes en función de ello.

Mucha gente cree equivocadamente que Satanás es una entidad maligna todopoderosa y soberana que manipula y controla al hombre a su antojo. Nada podría estar más alejado de la verdad. Recuerda que en el jardín del Edén, Dios le entregó al ser humano el señorío sobre la tierra. El Señor les dijo a Adán y Eva que dominaran y gobernaran sobre el reino animal y el medio ambiente.

> *Dios creó al ser humano a su imagen. A imagen de Dios los creó; hombre y mujer los creó. Entonces Dios los bendijo y les dijo: "Sean fructíferos y multiplíquense. Llenen la tierra y gobiérnenla. Reinen sobre los peces del mar, las aves del cielo, y todos los animales que corretean por el suelo". Entonces Dios dijo: "¡Mira! Te he dado cada planta que da semilla en la tierra, y todos los árboles frutales para tu alimentación. Y he dado cada planta verde como alimento para todos los animales salvajes, las aves del cielo y los pequeños animales que corretean por el suelo: todo lo que tiene vida". Y eso es lo que ocurrió. ¡Entonces Dios miró todo lo que había hecho, y vio que era muy bueno! (Génesis 1:27-31, NLT).*

La única forma en que Satanás pudo ejercer su influencia sobre la tierra y la humanidad sobrevino cuando Adán y Eva cayeron presas del engaño. Hoy no es diferente. La única ventaja que tiene Satanás sobre cualquiera

> La única ventaja que tiene Satanás sobre cualquiera de nosotros la consigue mediante el dominio del engaño.

de nosotros la consigue mediante el dominio de engaño. En el libro de Apocalipsis aprendemos que el engaño de Satanás es su herramienta, con la que aflige al mundo entero.

> *Entonces vi a un ángel que bajaba del cielo con la llave del pozo sin fondo y una pesada cadena en la mano. Agarró al dragón— esa serpiente antigua, que es el diablo, Satanás—y lo encadenó durante mil años. El ángel lo arrojó al pozo sin fondo, que luego encerró con llave para que Satanás no pudiera engañar más a las naciones hasta que se cumplieran los mil años. Después debe ser liberado por un tiempo* (Apocalipsis 20:1-3, NLT).

Satanás vigila tu vida, y en los momentos propicios introduce un pensamiento engañoso que atraviesa tu mente como una flecha. Luego observa, para ver cómo respondes. Si tomas cautivo el pensamiento y no actúas sobre él con palabras o acciones, finalmente Satanás y su estrategia falaz se moverán del camino. Pero si acoges ese pensamiento y comienzas a actuar y hablar en función de este, el diablo sabrá que se ha infiltrado en tu vida.

4. Eres el guardián de tus pensamientos

Como dije antes, yo era una de las muchas personas convencidas de esa premisa inexacta según la cual no importa lo que pensemos mientras no actuemos en consecuencia. Pero como la Biblia nos enseña en varios pasajes, sí importa lo que permitimos en nuestra mente. Importa y mucho, porque nos moveremos hacia lo que permitimos que habite en nosotros y, literalmente, nos convertiremos en ello.

Porque como piensa en su corazón, así es él

(Proverbios 23:7, KJV).

Frecuentemente se ridiculiza a las personas mayores y se les acusa de dedicar demasiado tiempo a predicar contra las cosas, en lugar de resaltar el aspecto positivo de cada tema. Tal vez lo hayan hecho de vez en cuando y ocasionalmente de manera equivocada, pero en sus corazones, estaban tratando de prevenir a una generación para que no resultase presa de una mentalidad floja e inmoral.

Cada día descubrimos que muchas de las cosas contra las que ellos predicaban eran acertadas. La mayoría de los programas de televisión y las películas que se consumen a diario contienen implicaciones sexuales y lenguaje grosero. Lamentablemente nos hemos acostumbrado tanto a la lascivia y a la vulgaridad, que ni siquiera les damos importancia. Nuestras mentes se han cauterizado y habituado a un estilo de vida y verborrea impíos. Como reza el viejo adagio: "basura adentro, basura afuera." En otras palabras, lo que absorbemos con nuestras mentes, finalmente se reflejará en nuestra vida.

> Nuestras mentes son timones que dan dirección a nuestras vidas, bien sea hacia la paz o hacia el tormento.

Es muy importante que guardemos nuestros pensamientos con diligencia. Nuestras mentes sirven como timones que hacen virar nuestras mentes, bien sea hacia la paz, o hacia el tormento.

5. Puedes controlar tus pensamientos

Este principio es difícil para las personas que han permitido que sus mentes sean indisciplinadas durante años. Si has sido perezoso con tu mente, la disciplina necesaria para refrenar tus pensamientos te parecerá casi imposible. Pero con ejercicio y una disciplina consistente, tu *puedes* traer los pensamientos de tu vida bajo control.

Hay muchas personas cuyo cerebro se activa de forma irregular. Eventos como un trauma, un desequilibrio químico, una estructura genética, o causas autoinfligidas han dejado lesiones físicas. Esto crea un escenario en el que sus ondas cerebrales no responden de manera normal a ciertos estímulos o situaciones. A menudo se prescriben medicamentos para ayudar al cerebro a encontrar un equilibrio, de modo que la persona pueda encontrar un ritmo adecuado para su actividad mental y ser controlada.

Hoy somos afortunados de contar con buenas medicaciones que ayudan con la salud mental de las personas

Hace años, cuando atravesaba por la depresión y pensamientos suicidas, las alternativas médicas eran limitadas.

Aun hoy, continúo practicando la "disciplina del pensamiento". Si oigo cosas que no son sanas o veo algo que no contribuye a la "salud e integridad del pensamiento" me alejo inmediatamente de esa influencia, o apago lo que estoy escuchando o viendo. He aprendido por el camino más difícil que mi mente debe ser protegida. Satanás quiere tener acceso a ella, pero me niego a dárselo.

Tú también puedes rechazarlo. Tú *puedes* controlar tus pensamientos. ¡Dios dice que puedes!

6. No tienes que adueñarte de cada pensamiento que entra a tu mente.

Cuando mi vida pasaba por sus horas más oscuras, tenía la creencia errada de que cada pensamiento en mi mente se originaba en mí. Así que, cuando un pensamiento terrible surgía en mi mente, pensaba que tenía que ser una persona terrible porque ese pensamiento provenía de mi interior. Pero no todos los pensamientos que tenemos provienen de nosotros. ¿De dónde proceden entonces?

> No todos los pensamientos provienen de nosotros.

Nuestros cerebros son máquinas asombrosas. Nos han dicho que cada escena, cada palabra, cada olor, cada evento que experimentamos es almacenado como dato en el cerebro. Esto es fácil de aceptar, porque a veces oímos o percibimos un olor que nos remite de vuelta a un episodio de nuestra historia personal. El olor o la escena se vivieron décadas atrás, pero desde entonces se encuentran almacenadas en la mente. Años más tarde, volvemos a experimentar el olor o la escena, e inmediatamente somos transportados de regreso a otro día, a otro tiempo. Nuestras experiencias pasadas crean millones de pensamientos y recuerdos en la mente.

También hemos aprendido que Satanás puede introducir pensamientos en nuestras mentes. Dios y su Palabra llenan nuestras mentes de pensamientos. El entorno y la cultura sirven de estímulo para muchos de ellos. Amigos y enemigos insertan pensamientos en nuestras mentes. También he aprendido que mis impulsos carnales llevan a mi mente a pensar ciertas cosas. En resumen, nuestros pensamientos pueden provenir de varias fuentes.

Por lo tanto es importante comprender que *tú* no tienes que aceptar la autoría ni la propiedad de cada pensamiento que cruza por tu mente. Una vez que esta verdad se volvió real para mí, vi los pensamientos no deseados como invasores tratando de entrar, en lugar de verme a mí mismo como una persona terrible que Dios necesitaba cambiar.

¿Ves mi error? Invertí mucho tiempo orando y atacando el objetivo equivocado: a mí mismo. En lugar de hacer eso, necesitaba enfrentar al verdadero enemigo que venía contra mí: el diablo y su razonamiento engañoso.

7. Una mente no renovada convence de una realidad falsa

En el Antiguo Testamento hay un famoso relato sobre los hijos de Israel que planeaban invadir la tierra prometida a ellos por Dios. Moisés envió doce espías para que exploraran y le llevaran un reporte. Los espías regresaron con alimentos de la tierra, demostrando que era tan exuberante y maravillosa como Dios les había prometido. Pero diez de los espías también trajeron un informe, que causó mucho temor al pueblo.

Después de explorar la tierra durante cuarenta días, los hombres regresaron a Moisés, Aarón y toda la comunidad de Israel en Cades, en el desierto de Parán. Informaron a toda la comunidad lo que habían visto y les enseñaron los frutos que habían tomado de la tierra. Este fue su informe a Moisés: "Entramos a la tierra que nos enviaste a explorar, y realmente es un país hermoso, una tierra que mana leche y miel. Aquí está el fruto que produce. Pero la gente que vive allí es poderosa, y sus ciudades son grandes y fortificadas. ¡Incluso vimos gigantes: los descendientes de Anak! Los amalecitas viven en el Néguev, y los hititas, los jebuseos y los amorreos, viven en la región de las colinas. Los cananeos viven a lo largo de la costa del mar Mediterráneo y del valle del Jordán". Pero Caleb trató de tranquilizar al pueblo mientras estaban frente a Moisés. "Vayamos de inmediato a tomar la tierra", dijo. "Seguro que podemos conquistarla". Pero los hombres que habían explorado la tierra con él no estaban de acuerdo. "¡No podemos enfrentarnos a ellos! Son más fuertes que nosotros". Así que difundieron entre los israelitas este reporte negativo sobre la tierra: "La tierra que recorrimos y exploramos devorará a cualquiera que vaya a vivir allí. Toda la gente que vimos era enorme. Incluso vimos gigantes allí, los descendientes de Anak. A su lado nos sentíamos como saltamontes, ¡y eso es lo que ellos pensaban también!" (Números 13:25-33, NLT).

Lo que les ocurrió a los hijos de Israel es lo mismo que me pasó a mí, y a muchas personas más. ¡Una mente no renovada les costó!

Observa lo que los diez espías informaron:

Incluso vimos gigantes allí, los descendientes de Anak [esta parte es verdadera y exacta]. A su lado nos sentíamos como saltamontes, [esto probablemente sea cierto, debido a su pobre imagen de sí mismos] ¡y eso es lo que ellos pensaban también! [completamente falso] (Números 13:33, NLT).

La realidad es que la gente de esta tierra tenía miedo de la gente de Israel, pero como los diez espías tenían una mentalidad no renovada, convencieron a todo el pueblo de una realidad falsa.

Cuarenta años después, Moisés había muerto, y Josué se había convertido en el líder de Israel. Josué envió espías a la misma tierra. Estos espías contactaron a Rahab, quien vivía en Jericó, y esto es lo que ella les dice:

> *"Sé que el Señor les ha dado esta tierra", les dijo ella. "Todos tenemos miedo de ustedes. Todos en esta tierra viven aterrorizados. Porque hemos oído cómo el Señor les abrió un camino seco a través del Mar Rojo cuando salieron de Egipto. Y sabemos lo que hicieron a Sehón y Og, los dos reyes amorreos al este del río Jordán, cuyo pueblo destruyeron por completo. ¡No es de extrañar que nuestros corazones se hayan derretido de miedo! Nadie tiene el valor de luchar después de oír tales cosas. Porque el Señor, su Dios, es el Dios supremo de los cielos arriba y de la tierra abajo"* (Josué 2:9-11, NLT).

En esencia, Rahab dijo: "¿Qué han estado esperando? Hemos oído sobre ustedes desde hace años, y sobre lo que Dios hizo por ustedes en Egipto. Nuestros corazones se derritieron cuando supimos que venían."

Los hijos de Israel se perdieron cuarenta años de bendiciones porque un grupo de personas con mentes no renovadas convencieron al pueblo de una realidad imprecisa.

Por mi parte, cada semana dedico tiempo a convencer a la gente de realidades verdaderas, porque han creído inexactitudes sobre sí mismos que no son reales. Al creer una mentira, se han perdido las bendiciones de Dios. Tristemente, algunas personas continúan perdiéndose y nunca reciben la bendición.

¿Qué vas a creer en tu vida: una realidad inexacta, o la verdad de la Palabra de Dios?

PREGUNTAS:

1. ¿Qué determina tu dirección y calidad de vida?

2. Cada pensamiento que tienes, ¿viene de ti?

3. ¿Existen áreas en las que estás creyendo realidades inexactas sobre tu vida y sobre ti mismo? ¿Qué te dice la Palabra de Dios?

ORACIÓN:

Padre Celestial, te agradezco que de acuerdo con tu palabra en Romanos 8:6 la mente gobernada por el Espíritu es vida y paz. Elijo permitir que los pensamientos de mi vida se sometan al señorío del Espíritu Santo. Ayúdame a entender dónde se originan los pensamientos malsanos y a no apropiarme de los que no se originan en fuentes sanas y justas. En el nombre de Jesús, amén.

FINALMENTE

Me han preguntado muchas veces, "¿cuándo te liberaste del tormento mental? ¿Fue en un servicio religioso o en una reunión de oración donde percibiste un avance? ¿Alguien te impuso las manos o experimentaste alguna otra visión del Señor? ¿Fue durante un tiempo especial de adoración cuando la unción de Dios vino sobre ti de manera sobrenatural? ¿Cuándo te liberaste?". Para ser honesto, no sé cuándo llegó mi libertad. Sé que suena imposible de creer, pero es la verdad.

Permíteme explicarlo. Casi un año después de que comenzara el tormentoso asedio sobre mi vida, había hecho algunos progresos y aprendido ciertas cosas. Experimentaba remansos de paz seguidos por momentos de angustia. Esto era un progreso para mí, porque durante meses fui acosado todos los días sin tregua. Por eso, cualquier respiro de paz era una bendición y una respuesta a la oración.

Finalmente, un día descubrí leyendo mi Biblia que la paz mental momentánea no era lo mejor de Dios para mi vida

Lo mejor y más elevado de Dios es una mente llena de paz veinticuatro horas al día, siete días a la semana. ¡Eso es lo mejor de Dios para ti también!

¡Tú guardarás en perfecta paz a todos los que confían en ti, a todos los que concentran en ti sus pensamientos! (Isaías 26:3, NLT).

> Lo mejor y más elevado de Dios es una mente llena de paz veinticuatro horas al día, siete días a la semana.

Les dejo un regalo: la paz de la mente y el corazón. Y la paz que yo doy es un regalo que el mundo no puede dar. Así que no se angustien ni tengan miedo (Juan 14:27, NLT).

Este es el versículo que me convenció de que la paz permanente es un beneficio para todo hijo de Dios.

Por nada estén afanosos, sino sean conocidas sus peticiones delante de Dios en toda oración y ruego; y la paz de Dios, que sobrepasa todo entendimiento guardará sus corazones y sus pensamientos por medio de Cristo Jesús (Filipenses 4:6-7).

La Nueva Traducción Viviente, que tanto me gusta, lo dice de esta forma:

No se preocupen por nada; en cambio, oren por todo. Díganle a Dios lo que necesitan y denle gracias por todo lo que ha hecho. Así experimentarán la paz de Dios, que supera cualquier cosa que podamos entender. Su paz guardará sus corazones y mentes mientras vivan en Cristo Jesús (Filipenses 4:6-7, NLT).

La ansiedad había dominado mi vida durante un año, haciéndome perder el sueño y experimentar enfermedades físicas. Estaba lleno de ansiedad, a tal punto que me había vuelto paranoico y tenía miedo de salir de casa. Pero al leer estos dos versículos, me di cuenta de que era posible cambiar la ansiedad que estaba experimentando por la paz de Dios a través de la oración y la acción de gracias.

Asumí que si incrementaba mi tiempo de oración personal, eso me permitiría deshacerme de la ansiedad, que aún persistía y se aferraba a mi vida. Algunas semanas tuve un par de días completos en los que no experimenté ninguna ansiedad. Fueron momentos en los que me sentí totalmente libre y alejado del infierno por el que había pasado el último año, pero no pude juntar muchos de esos días en secuencia. Algo ocurría o escuchaba que me devolvía a la ansiedad o al miedo.

Entonces decidí aumentar mi tiempo de oración cada día. Como nuestra iglesia era pequeña y nuestras responsabilidades limitadas, podía dedicar a la oración de tres a cinco horas diarias, y eso hice. Oré, oré y oré.

Después de dos meses enteros de orar consistentemente entre tres y cinco horas al día, me topé con algo. Descubrí que los dos versículos de Filipenses 4:6-7 *realmente funcionaban*. Sucedió tal como Pablo dijo. A través de la oración y la acción de gracias, la paz de Dios envolvió mi mente. Mientras oraba, la paz guardaba mi mente. ¡Fue maravilloso!

Cada día, durante esas pocas horas, experimenté una increíble calma mientras me sumergía en la presencia de Dios.

Al mismo tiempo, noté algo que no entendía. La paz de Dios llegaba y guardaba mi mente mientras oraba, pero un par de horas después de terminar de orar, la ansiedad y el miedo invadían como un enemigo implacable. Mientras oraba continua y fielmente, la paz estaba en guardia, pero cuando terminaba de orar la paz parecía irse.

No tardé en darme cuenta de que no podía orar *todo el día, todos los días.* Tenía responsabilidades que atender, una familia que mantener, y la logística de una iglesia esperando que la dirigiera. Sé que como pastor se supone que debo orar más que los demás, pero incluso un pastor tiene que disfrutar de una vida afuera de su lugar de oración.

El guardián que me proporcionaba la paz se marchó y se fue a casa cuando dejé de orar, y necesitaba averiguar por qué. Me preguntaba qué me estaba perdiendo.

Era un sábado, y estaba luchando contra la ansiedad. Le dije a Amanda que iba a pasar un tiempo en oración. Ella me dijo que había estado orando toda la semana, incluso esa mañana temprano, por un par de horas. Me dijo que necesitaba pasar un tiempo con nuestro hijo. Tenía razón, pero mi mente, ese día, estaba desbocada. No conseguía calmar mis pensamientos. Le insistí en que necesitaba solo una hora para orar y calmar mi mente, y que luego jugaría con él, a lo que ella accedió a regañadientes.

Fui al estudio, el mismo donde se me apareció el Señor Jesús. No llevaba ni cinco minutos orando allí cuando sentí que una manita me tocaba el hombro. Giré la cabeza para ver quién me tocaba y ahí estaba mi hijito, que me dijo: "¿Qué haces, papá?".

Le dije que estaba orando. Su siguiente pregunta ha sido formulada millones de veces por los niños: "¿Por qué?".

Le grité a Amanda que viniera a buscar a Tyler, y ella lo hizo. Volví a centrar mi atención en la oración durante algunos minutos, y entonces escuché un movimiento tras la puerta, que se abrió. Me volví para mirar, y era de nuevo mi pequeño, sentado en el umbral de la puerta sacudiendo las piernas y los brazos. Vio que me asomaba y me sonrió. Le dije que fuera a buscar a mami, a lo que el preguntó: "¿Por qué?".

Intenté no prestarle atención, pero no pude, así que abandoné mi posición de rodillas, lo levanté y lo llevé hasta su madre, que estaba en el dormitorio de atrás. Le dije a Amanda que iba a orar en el baño y que, por favor, no lo dejara entrar. Me metí al baño del pasillo y cerré la puerta. Puse mi Biblia sobre la tapa del inodoro y me arrodillé en el trono. Encontré un lugar seguro para orar.

Abrí mi Biblia en Filipenses 4:6-7 y la cité en voz alta: "Por nada estén afanosos, sino sean conocidas sus peticiones delante de Dios en toda oración y ruego; y la paz de Dios, que sobrepasa todo entendimiento guardará sus corazones y sus pensamientos por medio de Cristo Jesús".

Recuerdo haberle dicho: "Señor Jesús, tenemos un problema. Tu Palabra dice que si oro y doy gracias, la paz de Dios guardará mi corazón y mi mente. He encontrado que eso es cierto, pero parece que la guardia se marcha tan pronto termino de orar. No puedo orar veinte horas al día. Señor Jesús, tengo otras responsabilidades a mi cargo y no sé qué hacer. Sé que lo mejor de ti es una paz continua, pero el guardia que trae la paz se va cuando termino de orar".

Tan pronto como esa oración abandonó mis labios, escuché estas palabras en mi interior, tan diáfanas como la luz del día: "Lee el versículo siguiente".

Reconocí que esa voz suave y tranquila era la del Espíritu Santo, así que revisé el versículo siguiente y lo leí en voz alta.

Filipenses 4:8, "Por último, hermanos, todo lo que es verdadero, todo lo que es noble, todo lo que es justo, todo lo que es puro, todo lo que es amable, todo lo que es de buena reputación, si hay virtud alguna y si hay algo digno de alabanza—mediten [piensen] en estas cosas".

Después de leer el versículo, le dije al Señor: "Sí, es un buen versículo. Lo he leído antes, pero esto no me da una respuesta. La guardia me abandona. Mientras estoy orando, el guardia trae paz a mi mente, pero tan pronto termino de orar, la paz se va. Así que el guardia también se va, asumo. No puedo orar veinticuatro horas al día. Tengo otras cosas que hacer además de orar".

De inmediato volví a escuchar estas palabras una vez más: "Lee el siguiente versículo".

Así que, por segunda vez, leí en voz alta Filipenses 4:8: "Por último, hermanos, todo lo que es verdadero, todo lo que es noble, todo lo que es justo, todo lo que es puro, todo lo que es amable, todo lo que es de buena reputación, si hay virtud alguna y si hay algo digno de alabanza, mediten en estas cosas".

Una vez más, después de leerlo, repliqué: "Sí, Señor, es un buen versículo. Lo he leído muchas veces, pero no responde a mi pregunta. ¿Por qué se va el guardia? Permanece y trae paz mientras estoy orando, pero tan pronto termino, desaparece, y la paz con él."

"Lee el siguiente versículo", escuché por tercera vez. Reconociendo la voz del Espíritu, quise ser obediente, pero para entonces me estaba frustrando. Recuerdo que liberé un suspiro, y empecé a leer Filipenses 4:8 por tercera vez.

De nuevo, leí la primera palabra: *"Finalmente..."* Tan pronto la leí, fue como si esa palabra se levantara de la página en 3D y se acomodara justo frente a mis ojos. Mientras me arrodillaba mirando la palabra *finalmente*, escuché: "Tan pronto termines de orar, tienes que hacer una última cosa. No lo estás haciendo. Por eso el guardia se va".

Sin perder tiempo volví a leer el versículo, y esta vez la respuesta me resultó más clara que el agua:

> *Por último, hermanos todo lo que es verdadero, todo lo que es noble, todo lo que es justo, todo lo que es puro, todo lo que es amable, todo lo que es de buena reputación, si hay virtud alguna y si hay algo digno de alabanza— mediten [piensen] en estas cosas"* (Filipenses 4:8).

Lo vi.

La razón por la que la paz de Dios me abandonaba era que después de orar, no pensaba de manera congruente con mi oración. Después de orar, volvía a mi vieja forma de pensar, y tan pronto como lo hacía, la guardia que traía la paz, se marchaba.

Más de una persona que lee este libro ahora mismo sabe exactamente a lo que me refiero. Tienes algo que te preocupa, que te causa ansiedad y miedo, así que oras por ello. Mientras oras, la paz de Dios llega, y te da la maravillosa seguridad de que todo estará bien. ¡Experimentas esa paz, esa libertad, y eso es fantástico! Pero después de un par de horas, o al día siguiente, permites que tu mente vuelva a la preocupación y la ansiedad.

Entonces, antes de que te des cuenta, necesitas orar de nuevo para recuperar esa paz. Mientras estés orando, la paz de Dios guarda tu mente, pero cuando dejas de orar, la paz se va, porque retornan la preocupación y el miedo.

> Nos queda una última cosa por hacer después de orar: debemos pensar correctamente.

Nos queda una última cosa por hacer después de orar: debemos pensar correctamente.

Esta revelación cambió mi vida. ¡Me aferré a ella! Continué orando un par de horas al día, pero me rehusé a consentir pensamientos de miedo y ansiedad durante las veintidós horas restantes en las que no estaba de rodillas y orando.

Cuando estos pensamientos trataban de resurgir, los atrapaba, los tomaba cautivos, y me negaba a permitir que vagaran sin rumbo por mi mente. Los sustituí con las promesas de la palabra de Dios. Al poner en práctica esta nueva revelación, con el tiempo, empecé a experimentar días y semanas enteros de perfecta paz en mi mente.

Por eso, cuando la gente me pregunta cuándo obtuve la libertad del tormento mental o en qué momento específico llegó realmente mi avance, respondo: "No lo sé". Salí adelante con esta disciplina de oración y pensamiento de acuerdo con Filipenses 4:8, que incluye lo que se hace después de orar. Me propuse llenar mi mente con todo lo que es verdadero, noble, justo, puro, honesto, amable, y de buena reputación.

Practiqué esta disciplina de oración y pensamiento durante tanto tiempo que un día me desperté, me senté en mi cama y sacudí a Amanda, despertándola de su sueño.

"¿Qué pasa?", preguntó. "¡Se ha ido!" dije.

"¿Qué se ha ido?".

"La banda alrededor de mi cabeza. El tornillo como de una banca que me apretaba tanto, ya no está. ¡La presión ha desaparecido! ¡La sensación de ansiedad y nerviosismo! ¡Todo se ha ido! ¡Soy libre!".

Amanda me abrazó intrigada: "¿Cuándo se fue?".

Le dije que no lo sabía con exactitud. Me preguntó si había pasado durante la noche, mientras dormíamos. Respondí que no creía eso, pero que era una posibilidad. Había estado caminando por fe, orando y confesando por tanto tiempo, que salí por completo de la esclavitud de Satanás y ni siquiera me percaté de cuándo pasó. Porque nosotros caminamos por fe, no por vista.

PREGUNTAS:

1. *Finalmente...*¿puedes vivir en paz y recuperar el control de tu mente?

2. ¿Promete Dios solo una paz momentánea?

3. ¿Qué es lo último que debes hacer después de orar para que la guardia se quede?

ORACIÓN:

Padre Celestial, te agradezco que de acuerdo con tu Palabra en Filipenses 4:6-8 tengo un guardia que protege mi mente del acoso y la ansiedad. Mientras oro, tu paz se erige como el guardia sobre mi mente, y cuando termino de hacerlo, una vida disciplinada de pensamientos consolida esa guardia. Ayúdame a practicar a diario las verdades que he aprendido de tu Palabra para que pueda disfrutar de la paz mental, de una mente sana y de la mente de Cristo. En el nombre de Jesús, amén.

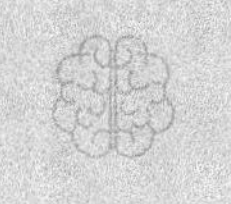

ESCRITURAS PARA RENOVAR TU MENTE

Acontinuación encuentras algunas escrituras que tomarán cautivos los pensamientos, derribarán fortalezas y renovarán tu mente, para que pienses como Dios piensa. Permíteme animarte a leerlas, meditar en ellas, memorizarlas, citarlas y permitir que inunden tu mente de paz.

> *"Tú guardarás en perfecta a todos los que confían en ti, a todos los que concentran en ti sus pensamientos!"*
>
> —Isaías 26:3 (NLT)

> *"Porque como piensa en su corazón, así es él...".*
>
> —Proverbios 23:7

> *"Pues aunque andamos en la carne, no combatimos según la carne. Porque las armas de nuestra milicia no son carnales sino poderosas en Dios para la destrucción de fortalezas, derribando argumentos y toda altivez que se levanta contra el conocimiento de Dios, y llevando*

cautivo todo pensamiento *a la obediencia a Cristo"*

—2 de Corintios 10:3-5

"No se preocupen por nada; en cambio oren por todo. Díganle a Dios lo que necesitan y denle gracias por todo lo que él ha hecho. Así experimentarán la paz de Dios, que supera todo lo que podemos entender. La paz de Dios cuidará su corazón y su mente mientras vivan en Cristo Jesús. Y ahora, amados hermanos y hermanas, una cosa más para terminar. Concéntrense en todo lo que es verdadero, todo lo honorable, todo lo justo, todo lo puro, todo lo hermoso, y todo lo admirable. Piensen en cosas excelentes y dignas de alabanza."

—Filipenses 4:6-8 (NLT)

"Porque no nos ha dado Dios espíritu de temor, sino de poder, de amor y de una mente sana".

—2 Timoteo 1:7

"Haya en ustedes ese sentir que hubo también en Cristo Jesús, el cual, siendo en forma de Dios no consideró el ser igual a Dios como cosa a qué aferrarse, sino que se despojó a si mismo de toda dignidad, tomando la forma de siervo, y haciéndose semejante a los hombres. Y hallándose en la apariencia de un hombre, se humilló a sí mismo, y se hizo obediente hasta la muerte y muerte de cruz. Por eso Dios lo exaltó y le dio el nombre que está por encima de todo nombre."

—Filipenses 2:5-9

"Desháganse de su vieja naturaleza pecaminosa y de su antigua forma de vida, que está corrompida por la lujuria y el engaño. En cambio, dejen que el Espíritu renueve sus pensamientos y actitudes. Vístanse de su nueva naturaleza, creada para ser a la semejanza de Dios, quien es verdaderamente justo y santo".

—Efesios 4:22-24 (NLT)

"... Queridos hermanos y hermanas, les ruego que entreguen su cuerpo a Dios por todo lo que él ha hecho a su favor. Que sea un sacrificio vivo y santo, la clase de sacrificio que él encontrará aceptable. Esta es la verdadera forma de adorarlo. No imiten el comportamiento y las costumbres de este mundo, sino dejen que Dios los transforme en nuevas personas cambiando su forma de pensar. Entonces aprenderán a conocer la voluntad de Dios para ustedes, que es buena, agradable y perfecta".

—Romanos 12:1-2 (NLT)

"Pero las personas que no son espirituales no pueden recibir estas verdades del Espíritu de Dios. Todo les parece una tontería y no pueden entenderlo, porque solo los que son espirituales pueden entender lo que el Espíritu quiere decir. Aquellos que son espirituales pueden evaluar todas las cosas, pero ellos mismos no pueden ser evaluados por otros. Porque, "¿Quién puede conocer los pensamientos del Señor? ¿Quién sabe lo suficiente para enseñarle? Pero nosotros entendemos estas cosas, porque tenemos la mente de Cristo".

—1 Corintios 2:14-16 (NLT)

"Los que están dominados por la naturaleza pecaminosa piensan en cosas pecaminosas, pero los que son controlados por el Espíritu Santo piensan en las cosas que agradan al Espíritu. Por lo tanto, permitir que su naturaleza pecaminosa les controle la mente los lleva a la muerte. Pero permitir que el Espíritu controle su mente los conduce a la vida y a la paz. Pues la naturaleza pecaminosa siempre es enemiga de Dios. Nunca obedeció las leyes de Dios y jamás lo hará. Por eso, los que todavía viven bajo el dominio de la naturaleza pecaminosa nunca pueden agradar a Dios".

—Romanos 8:5-8 (NLT)

"Que las palabras de mi boca y la meditación de mi corazón sean de tu agrado, Oh, Señor, mi roca y mi redentor"

—Salmos 19:14 (NLT)

"Pensé en mis caminos, y volví mis pies a tus testimonios."

—Salmos 119:59

"Oh, Señor, has examinado mi corazón y lo sabes todo de mí. Sabes cuándo me siento y me levanto. Conoces mis pensamientos, incluso cuando me encuentro lejos."

—Salmos 139:1-2 (NLT)

"El Señor conoce los pensamientos del hombre, que son vanos".

—Salmos 94:11

"Si el Señor no me hubiera ayudado, pronto me habría aquietado en el silencio de la tumba. Grité: "¡Me resbalo!", pero tu amor inagotable, Señor, me sostuvo. Cuando las dudas llenaron mi mente, tu consuelo renovó mi esperanza y mi alegría."

—Salmos 94:17-19 (NLT)

"Odio a los de doble ánimo, pero amo tu ley. Tú eres mi escondite y mi escudo; espero en tu palabra."

—Salmos 119:113-114

"Si a alguno de ustedes le falta sabiduría, pídala a Dios, que da a todos con liberalidad y sin reproche, y le será concedida. Pero pida con fe, sin dudar, porque el que duda es como la ola del mar que se deja llevar y agitar por el viento. No asuma, quien tal haga, que recibirá cosa alguna del Señor; es una persona de doble ánimo, inconstante en todos sus caminos."

—Santiago 1:5-8

"Porque del corazón salen los malos pensamientos, los asesinatos, los adulterios, las fornicaciones, los robos, los falsos testimonios, las blasfemias. Estas son las cosas que contaminan al hombre, pero comer con las manos sin lavar no contamina al hombre."

—Mateo 15:19-20

"Busquen al Señor mientras se le puede encontrar, invóquenlo mientras está cerca. Deje el impío su camino, y el hombre inicuo sus pensamientos; vuélvase a Señor, el cual tendrá misericordia de él; y a nuestro Dios, porque el perdonará ampliamente. "Porque mis pensamientos no son los de ustedes, ni sus caminos los míos," dice el Señor. "Porque como los cielos son más altos que la tierra, así mis caminos son más altos que sus caminos, y mis pensamientos, más que sus pensamientos".

—Isaías 55:6-9

"¡Qué preciosos son tus pensamientos sobre mí, Oh, Dios! ¡No se pueden enumerar! ¡Ni siquiera puedo contarlos; son más cuantiosos que los granos de arena! Y cuando despierto, ¡todavía estás conmigo!".

—Salmos 139:17-18 (NLT)

"El amor es sufrido, es benigno; el amor no tiene envidia; el amor no se pavonea, no se envanece; no se comporta con rudeza, no busca lo suyo, no se deja provocar, no guarda rencor".

—1 Corintios 13:4-5

EL PRIMER PASO PARA CONQUISTAR LOS PENSAMIENTOS DE TU VIDA

El primer paso para conquistar tus pensamientos y vivir en la paz que Dios promete es asegurarse de que Dios mismo vive en ti. Esto se hace recibiendo a Jesucristo como tu Señor y Salvador, que es la mejor y más importante decisión que jamás hayas tomado. Él te guiará y conducirá a través de la vida y a las bendiciones que Su Palabra promete. Te invito a elevar esta oración en voz alta.

Padre Celestial:

Tu Palabra dice que "Todo aquel que invoque el nombre del Señor, se salvará" (Hechos 2:21, KJV). Te invoco ahora mismo.

> *La Biblia también dice que si confieso con mi boca que Jesús es el Señor y creo en mi corazón que Tú lo has levantado de entre los muertos, seré salvado (Romanos 10:9-10). Hago esa elección ahora.*
>
> *Jesús, creo en ti. Creo en mi corazón y confieso con mi boca que has resucitado de entre los muertos. Te pido que seas mi Señor y Salvador. Gracias por perdonarme todos mis pecados.*

Creo que ahora soy una nueva creación en Ti. Las cosas viejas pasaron; todas son hechas nuevas (2 Corintios 5:17). En el nombre de Jesús, amén.

¡Comparte estas buenas noticias!

Si has hecho esta oración hoy, por favor, contacta nuestra oficina. ¡Queremos saber de ti y escucharte!

Eddie Turner Ministries
P.O. Box 12185
Murfreesboro, TN 37129

NOTAS FINALES

Capítulo 1

1. Hagin, Kenneth E. *What to Do When Faith Seems Weak and Victory Lost*. Broken Arrow, OK: Rhema Bible Church, 1979.

Capítulo 2

2. Hagin, Kenneth E. *The Believer's Authority*. Second ed. Tulsa, OK: Faith Library Publications, 1986.

Capítulo 4

3. Faith, Hope & Psychology. "80 % Of Thoughts Are Negative... 95 % Are Repetitive." Web log. The Miracle Zone (blog), March 2, 2012. https://faithhopeandpsychology.wordpress.com/2012/03/02/80-of-thoughts-are-negative-95-are-repetitive/#comments.

Capítulo 5

4. Renner, Rick. "December 1: Fortresses in Your Brain." Entrada en *Sparkling Gems from the Greek* Vol. 1: 918-19. Tulsa, OK: Harrison House Publishers, 2003.

Capítulo 6

5. Bhandari, Smitha. "Pornography Addiction: Why Pornography Is Addictive?" WebMD. WebMD,

March 19, 2019. https://www.webmd.com/sex/porn-addiction-possible.

Capítulo 7

6. Law, Terry. *Praise Releases Faith: Transforming Power for Your Life.* Tulsa, OK: Victory House Publishers, 1987.

Capítulo 8

7. Vine, W. E., Kohlenberger, J. R., & Swanson, J. A. *The Expanded Vine's Expository Dictionary of New Testament Words.* Minneapolis, MN: Bethany House Publishers, 1984.

8. Law, Terry. *The Power of Praise & Worship.* Shippensburg, PA: Destiny Image Publishers, 2008.

9. Renner, Rick. *Sparkling Gems from the Greek,* Vol. 2. Tulsa, OK: Harrison House Publishers, 2016.

10. Hagin, Kenneth W. "I Plead the Blood!" *The Word of Faith* Vol. LIII, no. 3, April 2020.

SOBRE EL AUTOR

Los pastores Eddie y Amanda Turner han servido juntos en el ministerio durante más de cuarenta años. Comenzando como novios en la escuela secundaria, la pareja se casó en 1980 y pasaron sus primeros tres años juntos pastoreando a los jóvenes en Tennessee.

Los pastores Eddie y Amanda continuaron sirviendo como pastores principales de su primera iglesia en Algood, Tennessee por veinte años. Allí la congregación creció de cuarenta a 2.200 personas en un pueblo de 2.000 habitantes. La iglesia se convirtió en la más grande del condado. El pastor Eddie sirvió como Superintendente de Distrito de las Asambleas de Dios de Tennessee, supervisando 225 iglesias y 650 ministros durante cinco años. También sirvió en la Junta Directiva de la Southeastern University, en Lakeland, Florida, por tres años y como Presbítero General del Consejo General de las Asambleas de Dios durante nueve años. Tras ejercer el liderazgo ejecutivo por años, el llamado de la iglesia local atrajo el corazón de Eddie y Amanda, y la pareja retornó a un pastorado local en Murfreesboro, Tennessee. Once años más tarde, la iglesia ha crecido de 350 a más 1.500 personas. Graduado de la Belmont University en Nashville, Tennessee, el pastor Eddie ha servido en numerosas juntas y organizaciones de la comunidad local y actualmente forma parte de la Junta de Directores de Fellowship of Ministers International. En la actualidad, el pastor Eddie es el Pastor de Enseñanza en Life Church, en Cookeville, Tennessee, y viaja extensamente entrenando pastores e iglesias. Los pastores Eddie y Amanda también viajan por el mundo compartiendo poderosos principios para ayudar a las personas a vivir libres del caos mental. La pareja tiene dos hijos adultos, Tyler y Cayce, y también son orgullosos abuelos.